城市道路交通组织设计
系列手册

HANDBOOK OF
URBAN ROAD GUIDE SIGH
DESIGN

城市道路指路标志设置设计手册

公安部交通管理科学研究所
编著

机械工业出版社
CHINA MACHINE PRESS

《城市道路指路标志设置设计手册》总体划分为"基本概念篇""基本方法篇""综合应用篇"三个部分，着重针对城市道路指路标志的设置，介绍了城市指路标志规范设置、指路信息连续指引、提升驾驶人识别效率等相关的基本原理、方法策略及实践经验。具体内容包括指路标志构成、信息分类及选取、一般道路指路系统、特殊交叉口指引、快速路指路系统。手册中还提供了一般道路和快速路典型场景指引实例，为城市道路指路标志设置方法的落地应用提供借鉴和参考。本书可供交通管理部门、大专院校、科研院所、设计咨询公司等单位的专业人员阅读参考。

图书在版编目（CIP）数据

城市道路指路标志设置设计手册/公安部交通管理科学研究所编著.—北京：机械工业出版社，2024.1

（城市道路交通组织设计系列手册）

ISBN 978-7-111-74808-3

Ⅰ.①城⋯　Ⅱ.①公⋯　Ⅲ.①城市道路-交通标志-设计-手册
Ⅳ.①U491.5-62

中国国家版本馆CIP数据核字（2024）第025060号

机械工业出版社（北京市百万庄大街22号　邮政编码100037）
策划编辑：李　军　　　　责任编辑：李　军　丁　锋
责任校对：王小童　张昕妍　责任印制：常天培
固安县铭成印刷有限公司印刷
2024年3月第1版第1次印刷
184mm×260mm・11.5印张・2插页・220千字
标准书号：ISBN 978-7-111-74808-3
定价：129.00元

电话服务　　　　　　　网络服务
客服电话：010-88361066　机　工　官　网：www.cmpbook.com
　　　　　010-88379833　机　工　官　博：weibo.com/cmp1952
　　　　　010-68326294　金　书　网：www.golden-book.com
封底无防伪标均为盗版　机工教育服务网：www.cmpedu.com

"城市道路交通组织设计系列手册"

指导委员会

主　任：李江平

副主任：李　伟　王长君　孙正良

委　员：李　辉　韩书君　黎　刚　王　健
　　　　　刘东波　戴　帅　曹长剑　马万经
　　　　　陆　建　李瑞敏　金　盛　姜文龙
　　　　　张水潮　戴继锋　顾金刚

《城市道路指路标志设置设计手册》

编撰委员会

主　编：孙正良　公安部交通管理科学研究所

副主编：祖永昶　公安部交通管理科学研究所
　　　　顾金刚　公安部交通管理科学研究所

参　编：钱　晨　公安部交通管理科学研究所
　　　　王建强　公安部交通管理科学研究所
　　　　卢　健　公安部交通管理科学研究所
　　　　华璟怡　公安部交通管理科学研究所
　　　　司宇琪　公安部交通管理科学研究所
　　　　朱自博　公安部交通管理科学研究所
　　　　方　钊　公安部交通管理科学研究所
　　　　周立平　无锡市明大交通科技咨询有限公司
　　　　马晶晶　无锡市明大交通科技咨询有限公司
　　　　周正泼　无锡市明大交通科技咨询有限公司
　　　　徐骁龙　上海市城市建设设计研究总院（集团）有限公司
　　　　龚　静　上海市城市建设设计研究总院（集团）有限公司
　　　　杨　浩　无锡市公安局交通警察支队
　　　　钱国豪　无锡市公安局交通警察支队
　　　　严　斐　无锡市公安局交通警察支队
　　　　雷轶卿　苏州市公安局交通管理局
　　　　邹　申　江苏科创车联网产业研究院有限公司
　　　　周德凯　江苏科创车联网产业研究院有限公司

前　言

随着我国城市社会经济的快速发展，城镇化进程的不断推进，城市道路交通量迅速增长，交通拥堵、交通事故、环境污染等问题日益加剧，制约了城市的社会经济发展。2015年召开的中央城市工作会议明确提出，要"加强城市精细化管理，着力解决城市病等问题"。为深入贯彻中央城市工作会议精神，推动治理交通拥堵、出行难、停车难等"城市病"，公安部等四部委决定进一步创新城市道路交通管理模式，从2017年起在全国组织实施"文明畅通提升行动计划"，并明确提出"交通组织提升工程"等五大主要任务措施。2023年公安部在全国大力实施"城市道路交通精细化治理提升行动"，要求用绣花的功夫完善管理、科学治理、优化服务。在此背景下，有必要组织编撰具有中国特色的城市道路交通组织设计手册，用于科学指导各地的城市道路交通拥堵治理工作。

根据当前城市道路交通组织管理工作的实际需要，我们拟编撰以下系列手册：平面交叉口渠化设计、交通信号控制设计、指路标志设置设计、主干路交通组织设计、快速路交通组织设计、区域交通组织设计、路内停车管理设计、公交优先交通组织设计、施工作业交通组织设计、智能交通管理系统结构和功能设计等手册。手册的内容既有基础理论的介绍，又有实战经验的总结，力求通俗、易懂，对解决实际问题有较强的指导性和可操作性。

《城市道路指路标志设置设计手册》着重从保障城市指路标志设置科学规范、道路信息系统连续、信息识别清晰明了等方面，提供了基本方法策略及实践经验。具体内容包括指路标志构成、信息分类及选取、一般道路指路系统、特殊交叉口指引、快速路指路系统。手册中还提供了一般道路和快速路典型指引实例，供借鉴和参考。

本分册编撰工作由公安部交通管理科学研究所牵头，联合无锡市明大交通科技咨询有限公司、上海市城市建设设计研究总院（集团）有限公司、江苏科创车联网产业研究院有限公司、无锡市公安局交通警察支队、苏州市公安局交通管理局等单位共同完成。在编撰过程中，从需求调研、素材收集、案例整理，到编辑整合、汇编成册，各单位分工明确、通力合作、反复研修，付出了巨大的努力和心血，在此由衷地表示感谢！上海济安交通工程咨询有限公司为手册提供了实战案例，黑龙江省公安厅交通管理局、浙江省公安厅交通管理局、青岛市公安局交通警察支队以及东南大学、宁波工程学院、山东交通学院、中咨城建设计有限公司在技术应用方面提供了宝贵的建议和帮助，在此也表示感谢！同时，还要对引用参考的所有文献的机构和作者表示感谢！

  本手册的编撰和出版得到了公安部交通管理局的大力支持，在此表示衷心的感谢！

  本手册的出版得到了国家重点研发计划"基于城市高强度出行的道路空间组织关键技术"（项目编号：2020YFB1600500）的支持和资助。

  由于编者水平有限，文中难免出现疏漏和不当之处，敬请读者批评指正！

编 者

2023 年 10 月

目　录

前言

第一部分　基本概念篇

第 1 章　概　述 ...002
1.1　指路系统构成 ...002
1.2　设置原则 ...003
1.3　设置流程 ...004

第 2 章　指路标志构成 ...005
2.1　标志颜色 ...005
2.2　一般道路指路标志 ...006
2.3　快速路指路标志 ...013
2.4　板面材料 ...019
2.5　设置位置要求 ...021

第 3 章　信息分类及选取 ...023
3.1　信息分类 ...023
3.2　信息选取 ...034

第二部分　基本方法篇

第 4 章　一般道路指路系统 ...044
4.1　主干路指引 ...044
4.2　次干路指引 ...050
4.3　支路指引 ...052
4.4　进出城区指引 ...058

第 5 章　特殊交叉口指引 ...062
5.1　X 形、Y 形交叉口 ...062
5.2　多路交叉口、环形交叉口 ...065
5.3　复杂区域交叉口 ...067
5.4　立交桥下交叉口 ...072
5.5　短距离交叉口 ...074
5.6　相交道路名称不同交叉口 ...076
5.7　环形道路交叉口 ...079
5.8　限制通行权交叉口 ...082

第 6 章　快速路指路系统　　　…086

6.1　快速路入口指引　　　…086

6.2　快速路路段指引　　　…091

6.3　快速路出口指引　　　…096

第三部分　综合应用篇

第 7 章　一般道路典型场景指引实例　　　…118

7.1　主干路指引　　　…118

7.2　次干路指引　　　…122

7.3　片区路网指引　　　…124

7.4　进出城区指引　　　…128

7.5　特殊交叉口指引　　　…135

第 8 章　快速路典型场景指引实例　　　…146

8.1　快速路入口及出口指引　　　…146

8.2　快速路网衔接指引　　　…153

8.3　快速路交通节点指引　　　…163

参考文献　　　…176

城市道路
指路标志设置
设计手册

第一部分

基本概念篇

第1章 概 述

Chapter One

1.1 » 指路系统构成

交通标志是道路交通设施的一种，通过外形、颜色、图案、文字向交通参与者传达交通管理信息。根据 GB 5768《道路交通标志和标线》（以下简称 GB 5768）规定，我国的交通标志分为主标志和辅助标志两大类型，其中主标志又可分为 7 种，指路标志是其中一种。指路标志表示道路信息的指引，为出行者提供去往目的地所经过的道路、沿途有关城镇、重要公共设施、服务设施、地点、距离和行车方向等信息，给予出行者最直接的交通指引，是顺利到达目的地的重要保障。指路标志涵盖类型较为广泛，本手册中主要是对路径指引类的指路标志的设置进行介绍。

路径指引是要引导不熟悉路网的出行者正确选择出行路线，按照标志指引到达目的地。所以，路径指引不是仅依靠几块标志就能够完成的，而是基于对出行者的信息需求、路径选择以及道路功能作用分析，通过对指路标志合理设置，形成指路系统，为出行者提供完整的、系统的信息指引服务。随着路网系统不断完善、延伸，合理设置指路标志显得越发重要。根据城市道路结构，城市指路系统可分为一般道路指路系统和快速路指路系统两大类型。

一般道路是指除快速路以外的城市道路，包括主干路、次干路和支路。不同等级道路在城市交通中发挥的功能是不一样的，不同等级道路上信息指引也是有所差异的。主干路服务中长距离，信息指引兼顾近远信息；次干路和支路服务中短距离，更多倾向近端信息指引。城市快速路主要服务中长距离及过境交通，具有车速高、中央分隔连续、两侧出入口全控制、机动车专用等特性。所以，快速路路径指引侧重跨区域信息的指引，而且对前后信息的系统性、连续性要求更高。同时由于快速路行驶速度快，因此指路标志版面要更加明了、简洁。

1.2 » 设置原则

指路系统设计应以不熟悉城市路网体系的交通出行者为设计对象，为其提供清晰、明确、简洁的信息。在进行设计时，一方面要以人的空间感知和空间移动心理为基础，对指路系统做好总体规划，才能实现高效引导；另一方面应根据认知心理，以人的短时记忆和即时知觉反应为基础，做好标志版面设计和设置点位的选择。指路系统设计和标志设置，应遵循以下原则：

1. 系统性、统一性

目前，指路标志的设计多是在道路新建或改扩建时，由设计方结合道路设计进行，缺乏统一规划，出现了版面不统一、信息不连续、与交通组织不匹配等问题。所以指路系统的构建，需要进行系统性规划，分析每条道路、每个交通节点在路网中的功能作用，来确定信息指引的总体性要求。需要对信息分类、信息选取方法以及标志版面尺寸、颜色、设置方式等，形成统一规范准则。在此基础上，再对每条道路的指路标志进行细化设计，才能构建出完善的指路系统。

2. 准确性、连续性

交通出行者在陌生环境中，容易产生心理上的紧张和不适，给驾驶人识别标志的效率和准确性带来影响。因为出行者需要通过对标志信息读取，在知觉上对周边路网空间形成一定感知，对出行路线形成合理预期判断。这就要求指路信息准确、连续，能够让出行者快速定位到目标点，从容出行，不会出现迟疑、疑惑。

3. 层次性、简明性

交通标志是为出行者主动提供程序化服务，展示的信息应随着交通环境变化规律出现，所以指路标志上的信息应层次性地进行预告。同时，识别过程中，出行者需要在有限时间内对指路信息进行视认、判读，并采取相应行动，这就要求设计者对繁杂的信息进行筛选，选取适宜的信息进行告知。此外，标志版面在很大程度上也会影响识别率，简洁明了的版面会提升识别效率和准确率。

4. 醒目性、清晰性

指路标志版面形式、字符大小、信息量、设置的方式等，要结合道路、光线、交通等情况进行度量，过大或是过小的标志都不利于驾驶人的识别。设置的位置应进行实地考量，既要避免标志被遮挡，还要使标志在周边环境中更加凸显，能够清晰地将信息传达给出行者。

1.3 » 设置流程

城市道路指路标志设置时，要确保能对出行者提供有效指引，需要从以下几个方面来考虑：一是周边有哪些信息，不同类型指路标志应侧重反映哪类信息，信息数量如何把控；二是不同类型道路，标志版面应该是什么样的，需要展示的信息如何进行布置；三是每个节点之间的信息如何衔接才能够保证连续，才能高效指引。针对上述问题，指路标志的设置一般分为两个阶段开展。

第一阶段，确定统一准则。主要包含两项内容：一是梳理信息类型，确定信息种类和等级，确定不同道路场景下信息选取原则；二是统一不同等级道路上指路系统的标志构成，以及不同类型标志的版面样式、信息数量和设置要求。

第二阶段，指路系统设计。此阶段是在第一阶段的基础上，采用由面到线再到点层层深入的方式，对具体道路、交通节点进行指路系统方案设计。在整体的设置过程中，还要考虑交通管控措施，对方案进行优化调整。具体做法如下：

首先，考虑不同等级道路在路网中发挥的作用，确定不同等级路网的指引准则。例如骨干路网承担跨区交通，需要提供远点信息指引；支路网承担服务性交通，需要提供近点指引。指路系统引导对整体路网交通功能发挥有着很重要的作用，所以特别是骨干路网和跨区域的通道，需要确定好城市路网中的关键节点，以及节点上必须展示的关键信息，并保证信息的指引与城市区域调控政策相匹配。

其次，根据每条道路功能、等级，在路网指引的准则基础上，确定好道路指引要求，明确服务的主要对象、指引目的、细化指引内容。比如服务对象是以进出交通为主，还是内部通行为主；是否需要远点指引；沿线信息有哪些，哪些信息需要告知等。

最后，在上述基础上，对每个交通节点进行详细设计，包括确定每块标志上的具体信息、与周边节点信息衔接设计、每块标志版面的设计、标志设置位置等。详细设计时，还要结合具体道路的交通组织措施，如单行、禁限行等，做好分流绕行指引。

第 2 章　指路标志构成

Chapter Two

2.1 » 标志颜色

城市中的一般道路的指路标志为蓝底、白字、白边框、蓝色衬边，快速路指路标志采用绿底、白字、白边框、绿色衬边，如图 2-1 所示。

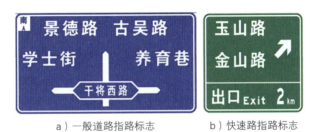

a）一般道路指路标志　　　b）快速路指路标志

图 2-1　城市道路指路标志示例

当标志中内嵌公路、快速路或旅游景区信息时，其套用标志的颜色应符合有关公路、快速路和旅游景区指路标志使用颜色的规定。同底色标志套用时，应使用边框；不同底色套用时，一般不使用边框，当道路编号标志套用时，可使用边框。旅游景区标志套用时，其颜色为棕底白字，如图 2-2a 所示；快速路、高速公路标志套用时，为绿底白字，如图 2-2b 所示；公路编号套用时，根据公路等级采用相应颜色，如图 2-2c 所示，公路编号的颜色如图 2-3 所示。在快速路的标志中，如果指示下游到达道路为另一条快速路，可以对当前所在快速路采用反色设置，即白底、绿字，以示区别，如图 2-2d 中的"西环快速路"所示。

a）内嵌旅游景区信息　　　b）内嵌快速路、高速公路信息

图 2-2　标志内嵌样式

c）内嵌公路信息　　　　　　d）快速路反色

图 2-2　标志内嵌样式（续）

a）国道编号　　　　b）省道编号　　　　c）县道编号

d）乡道编号　　　e）国家高速编号　　f）省级高速公路编号

图 2-3　公路编号的颜色

2.2 一般道路指路标志

2.2.1 标志类型

一般道路指路系统包含交叉路口预告标志（以下简称预告标志）、交叉口路口告知标志（以下简称告知标志）以及确认标志三类标志。这些标志并不是所有的道路上都必须设置，而是根据道路等级进行配置，一般道路指路标志配置要求见表 2-1，一般道路指路标志设置示例如图 2-4 所示。

表 2-1　一般道路指路标志配置要求

道路类型	标志类型	配置要求
主干路	预告标志	选设
	告知标志	应设
	确认标志	宜设
次干路	预告标志	选设
	告知标志	应设

(续)

道路类型	标志类型	配置要求
次干路	确认标志	宜设
支路	告知标志	应设
	确认标志	宜设

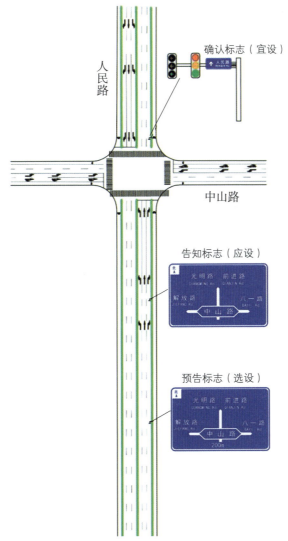

图2-4　一般道路指路标志设置示例

（1）预告标志　主要用于预告前方交叉口形状、交叉口道路名称、通往方向信息、地理信息以及距前方交叉口的距离，如图2-5所示。在城市道路中，一般不需要设置，如果路口间距超过1km的，可考虑设置。设置时，预告标志宜设置在告知标志前150~500m。如条件受限，可以适当向路口方向移动，但距离路口不应少于100m，不得遮挡告知标志。

图2-5 预告标志

（2）告知标志 告知前方交叉口形状、交叉口道路名称、通往方向信息、地理信息等，如图2-6所示。一般设置在距离路口停止线30~80m处，当路口设置有渐变道时，位置可根据情况进行调整。

图2-6 告知标志

（3）确认标志 用于确认当前所行驶道路信息，或前方通往方向的信息。具备确认功能的标志类型较多，如图2-7所示。

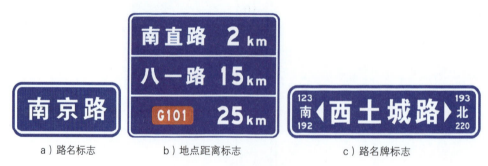

a）路名标志　　　b）地点距离标志　　　c）路名牌标志

图2-7 确认标志版面样式

1）路名标志面向来车方向，设置在路口出口后的10~60m范围，更多将其附着设置在信号灯杆上，如图2-8a所示，用于对当前所在道路确认。

2）地点距离标志设置在路段上，用于告知前方将会到达的道路，侧重于较远距离信息告知。

3）路名牌标志一般设置在城市道路街角处的人行道边，如图2-8b所示。

随着导航逐渐普及，确认标志的作用更加重要，在城市中应该尽可能地设置确认标志，建议使用路名标志，支路或路幅较窄的次干路上，可考虑选用路名牌标志。地点距离标志在城市中使用相对较少，一般快速路两出口间距较远的时候会设置。

a）路名标志

b）路名牌标志

图 2-8 路名标志和路名牌标志设置示例

2.2.2 标志版面

1. 预告标志和告知标志

预告标志和告知标志一般都是采用同样的版面样式，有地图型、堆叠型、车道型等形式。预告标志和告知标志的区别在于，预告标志中增加距离信息，告知当前所在位置与前方路口的距离，如图 2-9 所示。无论是预告标志还是告知标志，同一方向指示的目的地信息数量不应超过 2 个。

图 2-9 预告标志的地图型版面样式示意

（1）地图型　版面样式展现了实际路口、道路形状，让出行者对路网有直观感受。地图型标志版面的含义如图 2-10 所示。交通信息排序应按照由近到远的顺序从左至右，或从上至下排列。箭头横杆处为当前交叉口相交道路名称，如左、右被交道路的名称不同，设置方法可见 5.6 节内容，左右侧不同路名的标志样式如图 2-11 所示。

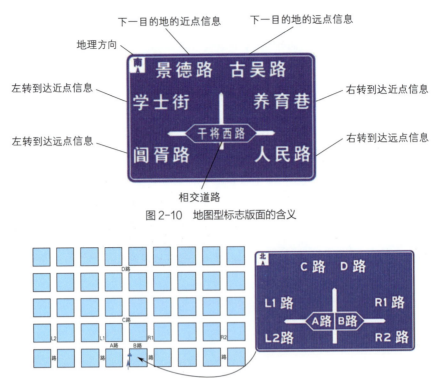

图 2-10 地图型标志版面的含义

图 2-11 左右侧不同路名的标志样式

此类型常见的标志有两种，如图 2-12a~b 所示。样式 1 一般使用在主、次干路上，同一行驶方向告知近远点两个信息；样式 2 一般使用在次干路上，或路幅相对较宽的支路上。样式 1、样式 2 标志尺寸一般较大，对设置空间要求高，道路空间相对较小的道路不适用。如果在停车让行或是减速让行控制的支小道路的路口，则可以采用样式 3，仅对相交道路进行告知，地图型样式 3 的设置示意如图 2-13 所示。

在实际应用中，直行方向的近远点信息还存在竖向排列的形式，如图 2-14 所示。从地图认知来看，远处道路在前，近处道路在后。但是在标志中，信息竖向排列时，从上到下，信息由近到远，与认知存在反差。所以在 GB 5768.2—2022《道路交通标志和标线　第 2 部分：道路交通标志》中，不再使用竖向排列的样式。

a）样式1：近远点信息　　　b）样式2：近点信息　　　c）样式3：相交道路

图 2-12 地图型版面样式示意

图 2-13　地图型样式 3 的设置示意　　　　图 2-14　直行方向的近远点信息竖向排列

标志中的箭头形式方便告知驾驶人路口形状，箭头图案应与实际路况保持一致，常见的交叉口的地图型标志版面形式如图 2-15 所示。如果复杂立交或畸形交叉口，标志版面图形表达过于复杂时，不适宜采用地图型指路标志，因为复杂形状会增加出行者视认困难度，如图 2-16 所示。

a）十字交叉口　　　　　　　　　　b）T 形交叉口

c）Y 形交叉口　　　　　　　　　　d）互通式立交

e）环岛交叉口　　　　　　　　　　f）多路交叉口

图 2-15　常见的交叉口的地图型标志版面形式

图 2-16　不适宜采用地图型指路标志

（2）堆叠型　将不同方向的信息逐条竖向排列起来，如图 2-17 所示。适用于复杂或畸形的路口，不易在版面上显示路口形状交叉口，以及如支路、胡同等道路空间狭窄道路。使用此种标志时，应统一规定竖向信息排列顺序，建议从上往下按照直行、左转、右转顺序排列。

图 2-17　堆叠型版面样式示意

（3）车道型　将告知标志和车道行驶方向标志合并在一起设置，车道型版面样式示意如图 2-18 所示。车道型版面多用于上下游两个路口之间距离较短、建筑物遮挡等原因，造成告知标志和车道行驶方向标志无法分开设置。使用该样式时，建议箭头上方指示的路名为将会达到的道路信息。

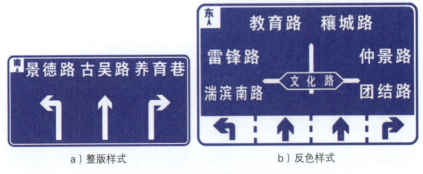

a）整版样式　　　　　　　　　b）反色样式

图 2-18　车道型版面样式示意

2. 确认标志

常见确认标志的类型有路名标志、地点距离标志、路名牌标志，3类标志的版面样式要求如下：

1）路名标志通常情况下横向排列，如图2-19a所示。空间受限无法横向排列时，可采用竖向排列，如图2-19b所示。无论采用何种方式，都不得将文字写为两行或两列。

2）地点距离标志样式如图2-20所示。信息不宜超过3条，按照从上而下、由近及远的顺序排列，上面的信息应该与下游的指路标志信息呼应。

a）横向排列样式　　　b）竖向排列样式

图2-19　路名标志样式　　　图2-20　地点距离标志样式

3）路名牌标志根据国标GB 17733—2008《地名 标志》规定，颜色根据道路走向确定。东西走向为蓝底白字，南北走向为绿底白字，如图2-21所示。

a）东西走向　　　　　　　　　　b）南北走向

图2-21　路名牌标志样式

2.3 » 快速路指路标志

2.3.1 标志类型

快速路指路系统按照指引的阶段可划分为入口指引、路段指引以及出口指引3个系统。

1. 入口指引系统

入口指引系统按照指引顺序提供入口引导、入口预告及入口指示等信息指引，是对快速路入口位置进行预告和指示，如图2-22所示。入口指引系统主要标志构成见表2-2。

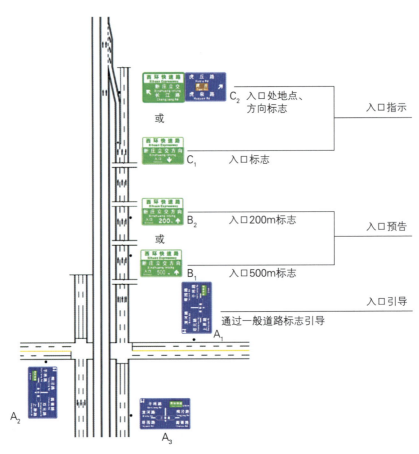

图 2-22 快速路入口指引系统

表 2-2 入口指引系统主要标志构成

标志类型	示例图
一般道路标志	
入口预告标志	

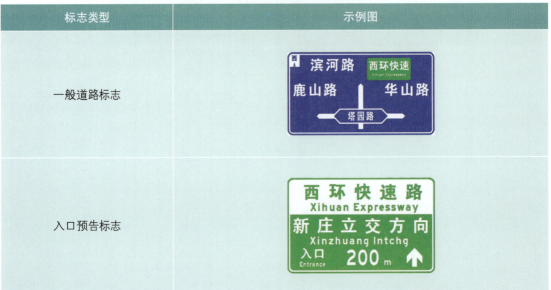

（续）

标志类型	示例图
入口标志	
入口处地点、方向标志	

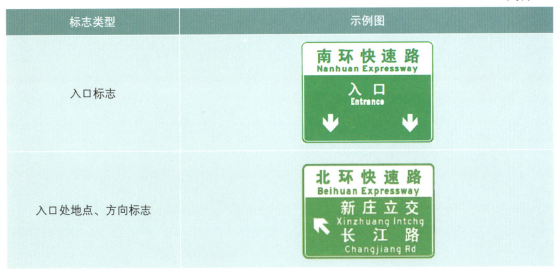

2. 路段指引系统

路段指引系统是对当前车辆所在快速路的信息、可到达的地点等进行指引，快速路路段指引系统如图 2-23 所示。路段指引系统主要标志构成见表 2-3。

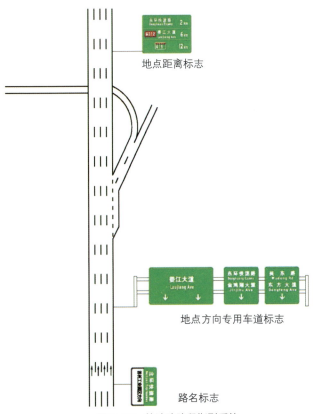

图 2-23 快速路路段指引系统

表 2-3 路段指引系统主要标志构成

标志类型	示例图
路名标志	友新快速路 Youxin Expressway
地点方向专用车道标志	东环路 Donghuang Rd / G15W ↓
地点距离标志	S230 友新路 Youxin Rd 4 km / G15W 11 km / 吴松江大道 Wusongjiang Ave 16 km

3. 出口指引系统

出口指引系统是按照顺序为驶离快速路的车辆提供出口预告、出口指示及下一出口预告等信息指引服务，对前方即将到达快速路的出口，以及可到达的道路和地点进行预告、指示，如图 2-24 所示。出口指引系统主要标志构成见表 2-4。

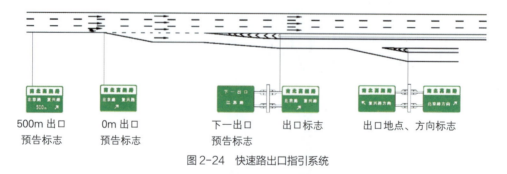

500m 出口预告标志　　0m 出口预告标志　　下一出口预告标志　　出口标志　　出口地点、方向标志

图 2-24　快速路出口指引系统

表 2-4　出口指引系统主要标志构成

标志类型	示例图
出口预告标志	外环北路 Waihuan Rd (N) / 四中路 Sizhong Rd ↗ / 出口 Exit 500m

（续）

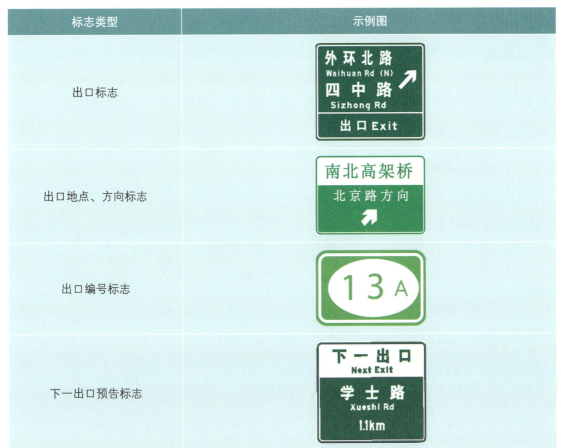

标志类型	示例图
出口标志	
出口地点、方向标志	
出口编号标志	
下一出口预告标志	

2.3.2 标志版面及信息

快速路上不同类型的指路标志形式上会有差异，但基本构成要素基本是一致的，快速路版面如图2-25所示。版面中主要包括道路名称信息、目的地名称信息、方向指示信息、地理方向信息和距离信息。

图2-25 快速路版面图

1. 道路名称信息

道路名称信息为反映前方将要驶入的道路名称信息。当道路名称信息用于快速路入口或对快速路入口进行预告时，应选择当前或所预告的快速路道路名称。在互通式立交出口前，预告出口所到达的主路道路名称时，应选择该出口将驶入的横向道路名称作为道路名称信息。在版面上此信息多采用反色设计，以与下面的预告的目的地名称信息进行区别。此信息可根据需要选择设置。

2. 目的地名称信息

目的地名称信息为反映前方所到达的重要地区、地点名称或横向道路、出口路名等信息，在标志中该信息是必须设置的。目的地名称信息在选取上应结合相交道路等级、服务区域特点、交通流量特性等因素综合考虑后进行确定，在快速路中应该选取相对重要的信息。一块标志中的目的地信息数量不宜超过 3 条，按照从上而下、从左到右，由近及远的顺序排列。

3. 方向指示信息

快速路标志中所采取的箭头形式有两种，分别如图 2-26a~b 所示。箭头方向分为向上和向下箭头，代表不同指引含义。图 2-26a 中的向上箭头表示箭头所指示的方向为能到达的目的地，用于方向性指引。图 2-26b 中的向下箭头是指箭头指示的车道能到达的目的地，用于车道级指引。两种箭头的使用示例如图 2-27 所示。其中图 2-27a 中右上方箭头表示向前方行驶，右侧出口可到达"光大路""光华路"；图 2-27b 表示按照箭头正对的车道行驶，可到达"东环快速路"和"金鸡湖大道"。

a）向上箭头

b）向下箭头

图 2-26　箭头样式

a）向上箭头使用示例　　b）向下箭头使用示例

图 2-27　两种箭头的使用示例

上述箭头形式主要用于路段及出口指引阶段，对于设置在入口指引阶段，要根据标志所在位置以及匝道的位置，确定采用直行、左转或右转箭头的标志来指示路径的方向，即所采用的箭头样式与车辆行驶方向一致。如图 2-28 所示，设置在与快速路入口衔接的路口进口道处的入口预告标志，表示车辆在路口右转，并行驶 500m 左右可达到北环快速路的入口。

图 2-28 指示方向的入口预告标志

4. 地理方向信息

地理方向信息为反映路线总体走向的信息，为可选信息。在车辆的行驶方向较明确、不易引起误解的路段，可选取路线总体走向作为行驶方向指引信息。

5. 距离信息

距离信息为所指示的入口、出口或地点信息的基准点与当前该标志的距离。该信息为选设，多出现在入口预告标志、出口预告标志和路段中的地点距离标志中，多用于对远点信息的距离预告。

2.4 》板面材料

指路标志的板面应采用逆反射材料制作，反光膜的技术参数和等级分类应符合 GB/T 18833—2012《道路交通反光膜》要求。板面不得有裂纹、皱纹、明显的划痕、损伤和颜色不均匀以及逆反射性能不均匀等情况。由于所使用反光技术不同，以及技术参数为区间值，所以即使是同一级别的反光膜，所呈现效果也是不一样的。因此同一块标志中，宜采用同一厂家的同种类型反光膜。在反光膜材料选取时，快速路、主干路采用Ⅲ类~Ⅴ类反光膜，次干路及以下等级道路可在Ⅰ类~Ⅳ类反光膜中选择。如果标志位于车道上方时，反光膜要较路侧标志提高一个等级，隧道内部建议提高反光膜的等级，在一些缺乏外部辅助光线的道路上也建议提高反光膜等级。

如果道路上的反光膜已经达到Ⅴ类，但仍然无法满足视认要求的时候，应该考虑增加标志的照明系统，照明系统主要有内部照明和外部照明，如图 2-29a~b 所示。传统内部照明标志类似广告灯箱，在标志内部设置了发光单元，外部照明是在标志外界增加了照明设施，但由于没有对光源专门设计，仅实现了标志板面从内部或外部被照亮，存在发光不均匀、显示效果不佳等问题。所以在使用内部或是外部照明设置时，需要注意安装方式，保证光源能够均匀地照向标志板面。随着近年来 LED 技术和板面材料突破，出现了板面显示主动发光标志，如图 2-29c 所示。它是将 LED 光源布置于标志体内部，光源从背面定向投射。白天光线良好的时候，与传统标志一样，当环境照度下降时，标志会自动点亮。无论采用何种照明方式，标志板面都应为逆反射材料，光源应为白色。

a）内部照明

b）外部照明

c）板面显示主动发光标志

图 2-29　标志照明系统

2.5 设置位置要求

指路标志设置时,在初步确定好标志位置后,还应根据点位周边道路情况,对指路标志的位置进行适度调整。

1)标志周边如有道路上跨结构、市政杆件、广告、绿化等存在遮挡可能时,如图2-30所示,宜采用附着设置、并杆、前置设置、修剪绿化等措施,避免标志被遮挡。

图 2-30　标志被绿化遮挡

2)道路过宽、变道频繁、大型车辆较多等,容易造成右侧标志不宜被观察。如图2-31所示,道路过宽,传统在道路一侧设置标志,导致内侧驾驶人观察困难。此时,可通过加长悬臂杆、左右同时设置、分车道设置、龙门架设置等方式,提升标志视认性,如图2-32所示。如上下游交叉口间距足够,还可通过增设预告标志方式,进行预告。

图 2-31　道路过宽造成标志不宜被观察

a)左右同时设置

图 2-32　设置方式

b）分车道设置

图2-32 设置方式（续）

3）标志之间应保持一定间距，避免相互遮挡。如图2-33所示，前后标志距离过近造成了遮挡。一般情况下，快速路标志之间的间距不宜小于150m，其他道路不宜小于30m。当间距无法达到要求时，可采用并杆方式设置。

图2-33 标志相互遮挡

4）关注来车方向50m以内范围的外在灯源设置情况，避开周边可能对标志视认产生影响的光源，特别是霓虹灯、景观照明等。

第3章 信息分类及选取

Chapter Three

3.1 » 信息分类

在指路标志上所展示的信息的类型，主要分为四类：

（1）地物类信息　这类信息的类型较为广泛，是标志上主要展示的内容，主要包括道路名称、交通枢纽、地点区位等信息类型，如道路、区域、文体场所、交通枢纽、政府单位、学校、医院、商业中心、旅游景点等。由于涉及的类型较多，地物类信息要进行进一步的分类分级，在指路标志设计时进行筛选。

（2）距离类信息　该信息是为了告知当前所在地至目的地的距离。一般情况下可以不设置，但在一些特殊情况，比如需要对远距离的目的地进行指引时，可以设置，如对景点、火车站、机场等交通枢纽以及快速路的出入口等指引。一般道路和快速路距离值确认方法是不相同的，后面将会进行说明。

（3）方向类信息　告知出行者当前道路走向或行驶方向，可以单独设置，也可以和其他的信息合并设置。

（4）外文类信息　根据规定，一般情况下指路标志不需要设置外文信息。但在一些特定地点和场所，会根据需求设置，比如海关、医院等单位机构和旅游景点，以及一些口岸城市、外国人聚集区域等。

3.1.1 地物类信息

1. 一般划分方式

在一个路口周边，会有很多的地物类信息，需要进一步分类分级，以供在指路系统设计时，进行信息筛选。根据地物类信息的属性，一般可将其分为5种：

1）路线名称信息，指各类道路的名称信息。

2）地区名称信息，指各类行政区划、街区、商业区等区域类信息。

3）交通枢纽信息，指机场、火车站、客运站等各类交通枢纽。

4）文体旅游信息，指文化体育活动场所、景点、博物馆等文化类、体育活动类以及旅游景点等信息。

5）重要地物信息，指具有标志性的建筑或产业园区、产业基地等场所信息。

在上述分类基础上，根据信息重要程度和吸引能力，对各类信息进行分级。针对路线名称信息，综合考虑道路等级、道路功能和在交通中承担作用进行等级划分；针对地区名称信息、交通枢纽信息、文体旅游信息、重要地物信息，可以根据吸引力大小、规模、场所级别等进行划分。

通常将指路标志信息划分为三级，表3-1中给出了城市指路标志信息等级划分参照。信息选用时，优先选用路线名称信息，信息重要程度从A层信息至C层信息逐渐降低。在实际划分时，应结合本地实际情况来确定信息的分类分级。

以路线名称信息为例，在中小城市中，没有快速路，需要对表3-1中的路线名称信息进行调整。调整方式有两种：一种是保留三级划分方法，删除A层信息中的快速路，将B层中的主干路升级至A层信息，C层的次干路升级为B层信息，C层信息中保留支路，见表3-2；另一种是将信息分级调整为两级，将A、B、C层信息进行整合后重新分级，见表3-3。

表3-1 城市指路标志信息等级划分参照

信息类型	A层信息	B层信息	C层信息
路线名称信息	高速公路、国道、快速路	省道、主干路	次干路、支路
地区名称信息	重要地区，含城市中心区、市政府、大学城区、大型商业区、城市休闲娱乐中心区、著名地区等	主要地区，含大学、重要商业区、大型文化广场、中型商业区、主要生活居住区等	一般地区，含重要街道、一般生活居住区等
交通枢纽信息	飞机场、特等或一等火车站	二等或三等火车站、长途汽车总站、轮渡码头、大型环岛、大型立交桥、特大桥梁	重要路口
文体旅游信息	国家级旅游景区、自然保护区、大型文体设施	省市级旅游景点、自然保护区、博物馆、文体场馆	县（区）级旅游景点、博物馆、纪念馆、文体中心
重要地物信息	国家级产业基地、大型城市标志性建筑	省市级产业基地、市级文体场馆、科技园	县（区）级产业基地和企业、县文化中心

表 3-2　信息调整后示例一

信息类型	A 层信息	B 层信息	C 层信息
路线名称信息	高速公路、国道、主干路	省道、次干路	支路

表 3-3　信息调整后示例二

信息类型	A 层信息	B 层信息
路线名称信息	高速公路、国道、主干路	省道、次干路、支路

信息的划分方式没有统一的模式，各地在划分时，多会根据城市规模、交通特点、城市特点，进行综合分析后选择更加适合自己城市特点的划分方式。例如，济南为省会城市，路网规模大、信息多，信息共划分道路名称和地点名称两大类，其中地点名称又细分为地区、交通枢纽、旅游文体设施、重要地物 4 个小类，在信息等级上，也是采用了三级划分的方式，见表 3-4。

盐城市指路信息等级划分见表 3-5，该信息也采用了三级划分，但在信息类型方面划分了 11 个类型。盐城城市级别及规模相对济南要小，总体信息量相对较少，所以信息划分复杂度相对较小，容易具体化。其中的高速公路入口、国道、城市快速路、省道、城市主干路、支路对应济南的道路名称信息，济南将这类信息划归为一类，而盐城将其分开，并在表 3-5 中给出了对应的具体信息。盐城的信息等级划分方式在进行信息筛选时，更容易保证信息统一性。

表 3-4　济南市指路信息等级划分

信息类型		A 层信息	B 层信息	C 层信息
道路名称		高速公路、快速路、国道、省道	主干路	次干路、支路
地点名称	地区	周边地级市、行政区、重要片区、中心城区、重要大型商业区、大学城	主要商业区、大型文化广场	一般生活居住区、重要街道
	交通枢纽	遥墙机场、济南西站、济南火车站、济南东站、济南长途汽车总站	普通长途客运站、大型环岛或立交	重要交叉口
	旅游文体设施	5A 级旅游区、省级文体设施和博物馆	4A 级旅游景点、市级文体设施和博物馆	3A 级旅游景点、区级文体设施
	重要地物	国家级产业基地和物流区	省级产业基地和物流基地	市级产业基地

表 3-5 盐城市指路信息等级划分

层次级别	信息类型	具体信息
A 层信息	高速公路入口	G15 盐城东、S18 盐城南、S29 盐城西、S29 盐城北、G15 盐城开发区、S29 张庄
	国道	G204
	城市快速路	东环路高架、南环路高架、西环路高架、北环路高架、青年路高架、范公路高架
	地区	连云港、淮安、泰州、南通
	4A 级以上旅游景区	海盐历史文化风景区、新四军纪念馆
	重点交通枢纽	南洋国际机场、火车站、客运总站
B 层信息	省道	S234、S331
	城市主干路	纵向道路—由西向东：吴抬路、开创路、解放北（南）路、人民北（南）路、开放大道、希望大道、青墩接线—九华山路、赣江路、普陀山路 横向道路—由北向南：新开业路、盐北路、新洋路、黄海（西）路、建军路—迎宾大道、大庆路、东进路、世纪大道、新都路、盐渎路、南纬路—海洋路—赣江路、纬十四路、盐仓大道
	地区	区级：盐都区、亭湖区、大丰区、建湖县、射阳县、滨海县、东台市、阜宁县、响水县 街道（镇）级：新都、伍佑、盐龙、潘黄、便仓、步凤、南洋、新城、盐东、黄尖、新洋、新兴等
	一般交通枢纽	汽车西站、盐都车站
C 层信息	支路	—

2. 其他划分方式

（1）城市特色信息划分 有的城市具有一些特色的地物类信息，这类信息属性较为复杂或信息类型较多，可根据指引需要进行细分。如旅游城市有丰富的旅游资源，工业城市、科技城市有比较多的产业园区信息，港口、内陆港城市设置了多种类型的港口、物流基地等，都可以根据实际情况进行细分。

以厦门为例，厦门是旅游城市，旅游资源较为丰富，景点类型和景区级别不一样。所以不同道路上的指路标志，需要选择性地对某些类型或某些级别的景区进行指引，因此要对景点信息进行细分，厦门市旅游信息见表 3-6。

表 3-6　厦门市旅游信息

层次	内容	示例
一级	5A 级景区	鼓浪屿风景名胜区
二级	4A 级及以下主要景区	植物园、胡里山炮台、同安影视城、北辰山旅游景区、翠丰温泉旅游区、大嶝岛、香山、方特梦幻王国、海沧野生动物园、天竺山公园、日月谷温泉公园等
三级	区级公园	中山公园、湖里公园、海湾公园、白鹭洲公园、中山公园、嘉庚公园、铁路文化公园、观音山沙雕文化公园、大嶝小镇台湾免税公园、日东公园、集美市民公园、海沧湾公园、苏颂公园、双溪公园、厦门奥林匹克博物馆、上古文化艺术馆、金光湖生态旅游区、南顺鳄鱼园、古龙酱文化园等

（2）特殊区域信息细化　对一些特殊片区，可结合区域出行需求，对区域内信息进行细化。以上海虹桥枢纽为例，虹桥枢纽是一个综合交通枢纽，它将航空、高速铁路、磁悬浮、地铁等多种交通方式结合在一起，无论规模还是交通方式，在国际上都是前所未有的，由于在交通上的特殊性，因此对片区内的交通信息进行了细分。

进入枢纽核心区的车流主要以接送为目的，进入枢纽的指路信息，由外至内、从大到小逐级分层传播，直至枢纽内各个小目标，保证进入的车辆能够找到枢纽内部的目的地，进入枢纽信息划分见表 3-7 中的进入枢纽。驶离枢纽指路信息是为了让车辆迅速驶离，因此，从枢纽内起点开始，指路信息应告知驾驶人大致的方位信息，指路标志上的信息应以枢纽外围的道路信息为主，驶离枢纽信息划分见表 3-7 中的驶离枢纽。

表 3-7　虹桥枢纽指路信息等级划分

进入枢纽		驶离枢纽	
信息等级	目的地名称	信息等级	目的地名称
1 级	虹桥综合交通枢纽	1 级	A9、辅助快速路、北翟路
2 级	机场（出发、到达）、磁悬浮（出发、到达）、高铁（出发、到达）	2 级	A5、A11、A8、A20
3 级	社会停车场	3 级	社会停车场、出租车停车场、机场工作区
4 级	出租车停车场、机场工作区等	4 级	机场（出发、到达）、磁悬浮（出发、到达）、高铁（出发、到达）

3.1.2 距离类信息

1. 一般道路

（1）指示信息为道路信息　如果标志中所指示的道路与当前道路直接相交，则以交叉口为基准点，其距离为标志设置点至相交交叉口的距离，如图3-1a所示。如果是通过其他道路连接到所指示道路，则距离为标志设置点至连接道路与所指示道路的平面交叉口的距离，如图3-1b所示。

（2）指示信息为地区信息　当进入城市，指示信息为市区时，如果是有环线的城市，以最内环线的入口为基准点，其距离为标志设置点到达基准点的最短路径距离，如图3-1c所示；如果是无环线城市，以中心区或政府所在地为基准点，距离为标志设置点到达基准点的最短路径距离，如图3-1d所示。

在城市内部通行，指示信息为某一区域时，基准点位为进入该区域的主要出入口或外围最近的交叉口，距离为标志设置点到达基准点的最短路径，如图3-1e~f所示。如指示信息为旅游景区、交通枢纽等信息时，距离值可参照此确定。

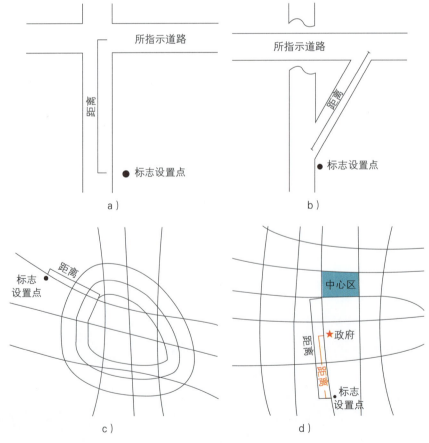

图3-1　距离确定示例

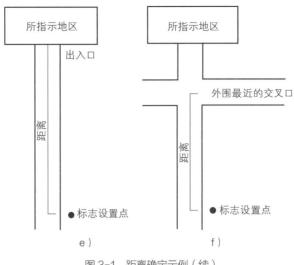

图 3-1 距离确定示例（续）

2. 快速路

（1）入口指引的距离值

1）城市快速路入口匝道在交叉口范围内时，以被交道路与城市快速路连接线上平面交叉口为基准点，其距离值为标志至该交叉口与交叉口至入口匝道的距离和，如图 3-2 所示。

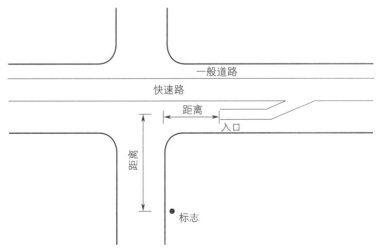

图 3-2 城市快速路入口匝道在交叉口范围内的入口指引距离值示例

2）城市快速路入口匝道设置在路段上时，以快速路入口为基准点，其距离值为标志至入口的距离，如图 3-3 所示。

3）当城市快速路与快速路相接时，以快速路减速车道渐变段起点为基准点，其距离值为标志至起点的距离，如图 3-4 所示。

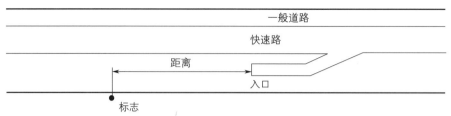

图 3-3 城市快速路入口匝道设置在路段上的入口指引距离值示例

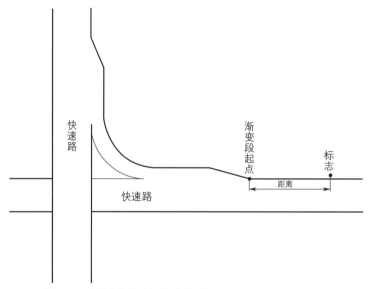

图 3-4 当城市快速路与快速路相接时的入口指引距离值示例

（2）出口指引的距离值

1）直接式单车道，以出口的渐变段起点为计算基准点，其距离值为标志至基准点的距离，如图 3-5a 所示。

2）平行式单车道、平行式双车道，以出口的减速车道起点为计算基准点，其距离值为标志至基准点的距离，如图 3-5b~c 所示。

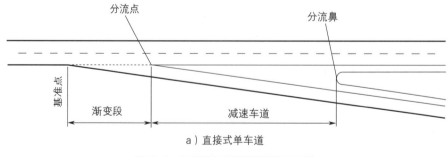

a）直接式单车道

图 3-5 快速路出口指引的距离值示例

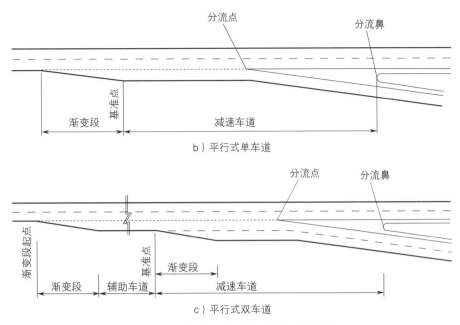

图 3-5 快速路出口指引的距离值示例（续）

3）当出口存在二级分流时，以渐变段起点为计算基准点，其距离值为标志至基准点的距离，如图 3-6 所示。

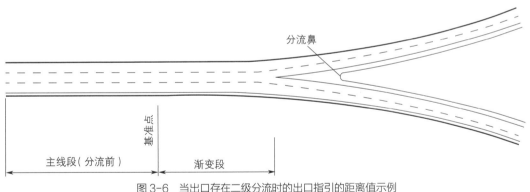

图 3-6 当出口存在二级分流时的出口指引的距离值示例

3. 取值要求

1）距离小于 1km 时，宜用 m 作为单位，采用 50m 的整数倍。

2）距离大于 1km、小于 3km 时，宜用 km 为单位，采用 0.1km 的倍数。

3）距离大于等于 3km 时，宜用 km 为单位，采用 1km 的倍数。

4）对于快速路，如指路标志与基准点间距小于或等于 3km 时，允许偏差宜为 ±50m；指路标志与基准点间距大于 3km 时，允许偏差宜为 ±250m。

3.1.3 方向类信息

方向类信息可单独设置方向标志，如图 3-7a 所示，也可与其他信息设置在同一版面中，如图 3-7b 所示。与指路同一版面时，应采用反色，一般道路采用白底蓝图案，快速路采用白底绿图案，如图 3-7c~d 所示。

指引方向可根据实际道路或路口几何形状确定，如果车辆的行驶方向或道路走向较明确，不易引起误解，可选取路线总体走向作为方向指引信息。但如果道路较为复杂，方向容易让人迷惑的，宜选择具有代表意义的下游远程目的地作为行驶方向指引信息。指引时应设置指引箭头，一般指引箭头样式如图 3-7a 所示，角度可以可根据道路走向或行驶方向在左右 45°范围内变动。但道路发生偏转、立交等特殊情形下，箭头可采用图 3-7c~d 所示的样式，与行驶轨迹保持一致。此外，箭头上应注明走向地理方位，即东、南、西、北。

图 3-7　方向类信息示意图

3.1.4 外文类信息

一般情况下，标志上不需要进行外文标注，但在如出入境口岸区域、开发区、旅游区、大型商贸区等对外交流较多的区域，可在指路标志中采用外文，方便对外国人员指引，如图 3-8 所示。

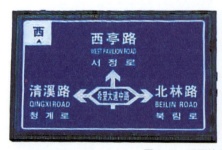 

图 3-8　采用外文的标志示例

采用外文时，翻译形式、表达方式应按照标准规范要求，同一城市采用统一翻译，同一块标志中也应一致。翻译不一致的情况如图 3-9 所示，"路"一个是用拼音，一个是英文缩写。如需要英文翻译时，可按照下述要求：

1）根据 GB 17733—2008《地名 标志》规定，地名、路名应该采用拼音。如北京大街，应翻译为"Beijing dajie"。第一个字母大写，其余字母小写。路、大街、大道、街等建议使用拼音。

2）公共服务设施以及名胜古迹、纪念地、游览地等名称，使用英文时，应形成统一的英文翻译，或参考 GB/T 30240《公共服务领域英文译写规范》。如圆明园应翻译为"Old Summer Palace"，故宫博物院应翻译为"Palace Museum"。指路标志常用词中英文对照见表3-8。

3）专用名词按照专用名词英文翻译要求进行，或可参考 GB/T 30240《公共服务领域英文译写规范》。专用名词的字母全部采用大写，如出口翻译为"EXIT"，海关翻译为"DOUANE"。

图 3-9　翻译不一致的情况

表 3-8　指路标志常用词中英文对照

中文	英文	中文	英文
路	road	学校	school
街	street	大学	university
大街、大道	avenue	海关	douane
快速路	expressway	医院	hospital
高架桥	overpass	机构、院、所	institute
辅路	side road	市中心	downtown
公路	highway	区	district
高速公路	expressway	购物中心	plaza
隧道	tunnel	广场	square
环岛	roundabout	公园	park
火车站	railway station	江、河	river

（续）

中文	英文	中文	英文
机场	airport	（较大的）山	mountain
港口	port	（较小的）山	hill
码头	pier	入口	entrance
货运码头	wharf	出口	exit
轮渡	ferry	下一出口	next exit
桥梁	bridge	交叉口	intersection
立交桥	highway interchange/flyover	停车场	parking
地铁	metro/subway	东	east
地铁站	metro station/station	南	south
轻轨	metro/light rail	西	west
有轨电车	tramcar	北	north

3.2 » 信息选取

驾驶人对标志视认性受速度、信息量、身体条件、驾驶技术等影响，其中速度、信息量对识别效率影响相对较大，识别时间随着速度和信息量增加而增加，因此交通标志信息量不能过多。GB 5768.2—2022《道路交通标志和标线 第2部分：道路交通标志》、GB 51038—2015《城市道路交通标志和标线设置规范》中规定，同一横断面指路标志上的信息数量之和一般为3~4个，不宜超过6个。由于一块标志承载的信息量是有限的，所以要对信息筛选，选取合适信息进行告知。

3.2.1 选取流程

指路标志设置中，如何选取合适信息最为关键。信息选取与道路功能作用最为密切，驾驶人更多关注的是所在道路上的信息指引，因此将一条道路作为整体进行研究。信息选取流程如图3-10所示，首先明确道路功能，特别是贯通性道路，如快速路、主干路等跨区域道路，要进行道路路段划分，明确不同路段在不同区段内所发挥的交通服务功能，然后再初步明确信息指引选取基本原则，最后具体到每个节点上的信息指引内容。

图 3-10 信息选取流程

根据 GB 51328—2018《城市综合交通体系规划标准》，城市道路功能等级分为 3 大类、4 中类和 8 小类，见表 3-9。大类用于城市道路功能确定、与框架性空间布局规划衔接；中类用于承接历史道路功能分类并与宏观的空间分区衔接；小类用于具体道路细分及设计、管理层面引导，以及与道路空间、用地布局和运行管理衔接。不同类型道路在整体路网系统发挥作用不同，干线道路更多关注交通功能，起到"通"的作用，集散道路和支线道路起到"达"的作用，更多考虑为周边地块提供服务的作用，如图 3-11 所示。

表 3-9 城市道路功能等级划分及对应交通特点

大类	中类	小类	功能说明	设计车速/（km/h）	双向车道数
干线道路	快速路	Ⅰ级	为城市长距离机动车出行提供快速、高效的交通服务	80~100	4~8
		Ⅱ级	为城市长距离机动车出行提供快速交通服务	60~80	
	主干路	Ⅰ级	为城市主要分区（组团）间的中、长距离联系交通服务	60	6~8 骨架主干路
		Ⅱ级	为城市分区（组团）间的中、长距离联系以及分区（组团）内部主要交通联系服务	50~60	4~6 区域主干路
		Ⅲ级	为城市分区（组团）间联系以及分区（组团）内部中等距离交通联系提供辅助服务，为沿线用地服务较多	40~50	
集散道路	次干路	次干路	为干线道路与支线道路的转换以及城市内中、短距离的地方性活动组织服务	30~50	2~4 次干路
支线道路	支路	Ⅰ级	为短距离地方性活动组织服务	20~30	2 支路
		Ⅱ级	为短距离地方性活动组织服务的街坊内道路，如步行、非机动车专用路等	—	—

城市路网系统中，主干路和快速路构成骨干路网，特别是主干路网，不仅串联了城市各个组团，也是组团内主要通道。大城市中，主干路网是快速路与其他道路衔接的纽带，中小城市中，它还是公路、高速公路与组团内的道路联系。次干路网是城市组团内基础路网和道路骨架，相邻组团之间的次干路并不一定需要相接，但是所在的组团内应有完整的次干路网。支路主要是为局部用地提供短距离服务，如居住区、商业区等区域内部。各级道路衔接关系如图 3-12 所示。

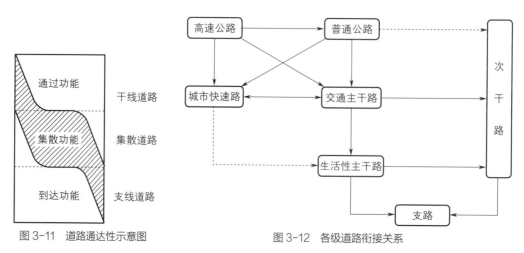

图 3-11　道路通达性示意图　　　　图 3-12　各级道路衔接关系

在城市路网中，一条道路所属大类是一定的，但跨越不同区域或组团时，由于服务区域周边用地不同，决定了不同区域内，其所属小类的不同，最为明显的是主干路。以图 3-13 为例，这条主干路连接了两个不同片区（组团），在 A、B 片区（组团）内部，它除了要承担过境交通的需求外，还要为沿线交通提供服务，A、B 之间的通道主要为 A、B 提供连通服务。在表 3-9 的主干路分类中，Ⅰ级、Ⅱ级为市域范围内中、长距离出行提供服务，即交通性主干路，此时信息指引侧重于交通性；Ⅲ级主干路除为城市分区内部中等距离交通联系提供辅助服务外，更多为沿线用地提供服务，侧重提供周边中短距离信息。所以在 A、B 内的路段中，信息的选取则要考虑交通和服务两重功能。

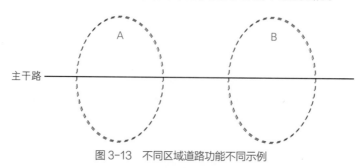

图 3-13　不同区域道路功能不同示例

3.2.2 选取基本方法

1. 一般情形

快速路、主干路上指路标志优先设置近远点信息；次干路优先设置近点信息，可根据需要设置远点信息；支路多对近点信息指引。快速路和一般道路的信息选取配置见表3-10和表3-11。

1）快速路：快速路的出口匝道信息，根据出口连接的道路来确定，选取A层或B层信息。

2）主干路：远点信息如有A层时，则优先选择A层，如无则选择B层；近点信息优先采用B层，如有重要的C层信息时，可选用C层信息。

3）次干路：次干路与主干路、次干路与次干路相交的路口，优先设置近点信息，选用B层，当近点里C层信息相对重要时，也可选用C层信息；如设远点信息，则优先选用B层，可根据情况选用A层。

4）支路：一般优先选用C层信息。

表3-10 快速路的信息选取配置

主线道路	被交道路		
	高速公路、快速路、国道	省道、城市主干路	城市次干路
快速路	A、（B）	（A）、B	B、（C）

表3-11 一般道路的信息选取配置

主线道路			被交道路				
道路等级	近点信息	远点信息	主干路		次干路		支路
			近点信息	远点信息	近点信息	远点信息	
主干路	B、（C）	A、（B）	B、（C）	A、（B）	B、（C）	（A）、B	（B）、C
次干路	B、（C）	（A）、B	B、（C）	A、（B）	B、（C）	（A）、B	（B）、C
支路	（B）、C	—	B、（C）	A、（B）	B、（C）	（A）、B	（B）、C

注：①表中不带括号的信息为优先选择的信息；带括号的信息适用于无优先信息时，可根据需要作为选择的信息。
②当接近首选信息所指示的地点时，该信息作为第一个信息；如需选取第二个，则仍按本表的顺序筛选。

一般情况下，首先根据信息类型，见表3-1，确定选取的信息类型，然后在同一类型信息中，再依据等级和距离近远确定具体信息。如图3-14所示，某次干路与次干路相交路口，路口的直行方向只需要提供近点信息即可。前方到达的主干路为湖滨路（B层），支路为团结路（C层），两信息均为路线名称信息。从等级上看，湖滨路（B层）级别高于团结路（C层），同时团结路（C层）与道路采用右进右出控制，因此选择湖滨路（B层）作为指引。

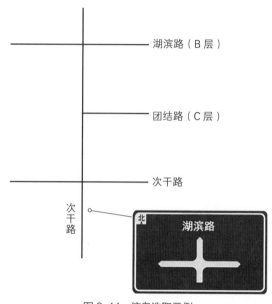

图3-14 信息选取示例

实际使用中，会出现一些较为复杂的信息选取情形，如同一等级但不同类型的信息选取；同一等级且同一类型的多个信息进行选取；同一范围内有多层同类信息选取等。特殊情况下的信息选取，可参考下述方法优化：

（1）同一等级但不同类型的信息　参照表3-1，按照信息类型由上至下的优先等级逐渐降低，即按照路线名称信息、地区名称信息、交通枢纽信息、文体旅游信息、重要地物信息的顺序，信息优选级别逐渐降低，也就是说在指路标志中，还是以交通类型的信息为主。如某一路口范围内，有都属于A层信息的快速路和商业区，信息选择时，优先选用快速路。

（2）同一等级且同一类型的多个信息　可综合考虑距离、交通吸引量、重要程度、熟知度等因素选取相对重要的信息。例如，某主干路与主干路相交的路口（示例一）如图3-15所示，中山路（A层）为远点信息，在近点信息中，主干路湖滨路、建筑路同为B层信息，其中湖滨路距离路口较近，选择湖滨路。又如某一支路与支路相交的路口（示例二）如图3-16所示，前方所到达的目的地中，公园和区政府同为C层，两信息相比较而言，区政府相对重要，因此选择区政府作为告知信息。

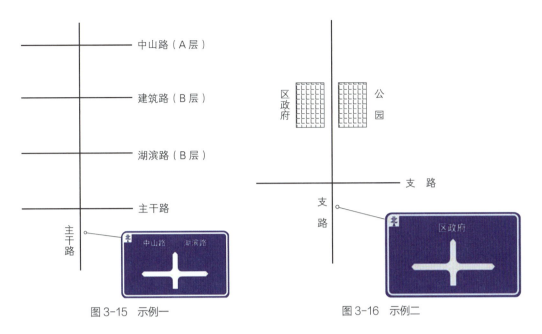

图 3-15 示例一   图 3-16 示例二

（3）同一范围内有多层同类信息　一般根据信息等级进行选择，也就是 A 层 > B 层 > C 层。但有时候虽然信息等级较低，但重要程度、熟知程度等相对较高，在指引中是无法忽略的，此时可根据距离近远、指示需求、管理需求等因素，综合考虑后进行取舍。

如某一主干路与主干路相交路口（示例三）如图 3-17 所示，标志采用近远点信息。312 国道距离虽然较远，但其为 A 层路线名称信息类，因此作为远点信息。近点信息中，

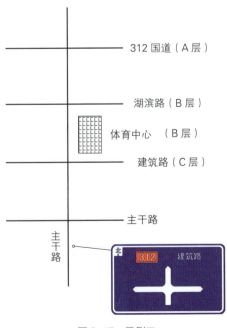

图 3-17 示例三

主干路湖滨路和体育中心都是 B 层，次干路建筑路为 C 层，但建筑路的交通流量较大，是一条重要的分流通道，在管理中更加期盼车辆从建筑路（C 层）绕行，减轻湖滨路（B 层）压力，而且此路口采用信号灯控制，所以需要对近点信息进一步筛选。按照信息类型，首选路线名称信息类，即湖滨路（B 层）和建筑路（C 层）。其后根据表 3-11，主干路的近点信息首选 B 层，可选 C 层。如果按此原则，近点信息应选取湖滨路（B 层）。但考虑建筑路特殊性，最终选择建筑路作为近点信息。

2. 特殊情形

交通管控需求、特殊路网情况也是指路标志信息选取的考虑因素。

（1）交通管控需求　在交通管控中通过对道路交通流疏导控制来均衡路网容量，提升路网效能。这种管控多需要通过设置标志标线、信号灯等措施来实现，指路标志就是其中之一。比如，如果希望车辆绕行其他路线通行，标志上的信息可以考虑优先选用绕行道路信息；一些实施禁行措施的道路，需要在指路标志上对禁行措施进行提前预告，并提供合适道路信息引导驾驶人绕行。

【案例】市府大道与内环东路交叉口位于高铁新区的核心区，是重要的交通节点，交叉口的区位示意图如图 3-18a 所示。内环北路和内环东路是连接椒江区、黄岩区、路桥区的主通道之一，市府大道是椒江区进出主通道之一，该路口的交通压力较大。

高峰期，从内环北路右转进内环东路的流量，以及市府大道左转的流量都较大。在内环北路右转匝道下游不远处，设置了出口匝道，高峰期会有大量车辆在此出匝道，见图 3-18b 所示。

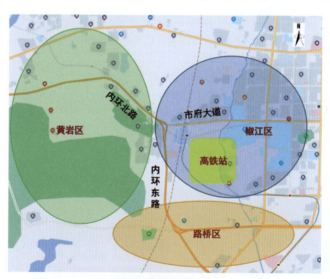

a）交叉口的区位示意图

图 3-18　结合交通组织管控指路案例

b）高峰期调控前流线图　　　　c）高峰期调控后流线图

d）平峰期标志效果图

e）高峰期标志效果图

f）标志设置实景

图 3-18　结合交通组织管控指路案例（续）

为减小出口匝道压力，需要引导市府大道左转后驶入辅道的车辆在辅道上通行，不经由快速路出口匝道驶入。所以在市府大道入口处设置 LED 可变指路标志，通过对主线、辅路信息分开指引，实现对左转驶入主线和进入辅道车辆分开通行，如图 3-18d~e 所示。标志设置实景如图 3-18f 所示。

（2）特殊路网情况　城市中，道路有两个路名、环状路网、畸形路口等特殊路网情况也较多见。对于特殊路网情况，需要综合考虑道路吸引能力、在路网中承担的功能以及驾驶人出行习惯等，选取更为合适的信息进行预告和指引，可见其后第 5 章相关内容。

城市道路
指路标志设置 >>>
设计手册

第二部分

基本方法篇

第4章 一般道路指路系统

Chapter Four

4.1 主干路指引

贯通性主干路由于跨越多个片区或组团，不同路段所发挥交通功能有所差异，因此不同路段上的信息指引也有所区别，主干路的指引可以分为跨片区指引和片区内指引。

4.1.1 跨片区指引

区域间通行的主干路路段，交通性突出，用于城市分区（组团）之间的中、长距离交通联系。此类主干路与主干路、次干路以路口形式相交，与支路多采用右进右出控制。路口之间间距相对较大，在信息指引上，特别是直行方向上，宜对近远点信息进行告知，主干路方向的版面样式一般采用图4-1a中的样式1，更多选用交通性信息。但是与支路相交的路口，主干路方向多采用图4-1b的样式2，仅对相交支路进行告知。

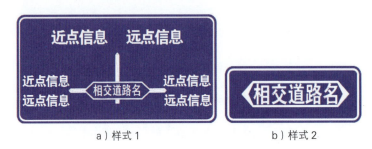

a）样式1   b）样式2

图4-1 主干路跨片区指引版面样式

1. 远点信息

一般选取 A 层信息，在行进过程中，沿线交叉口的指路标志中的远点信息，应连续重复，直至到达目的地后，再更换下一个远点信息。

需要注意的是，人们对事物出现的频次存在忍耐度，如果同一信息重复 3~4 次，容易诱发驾驶人厌烦心理，不再关注信息，易诱发信息的遗漏。所以，当出发地到远点信息距离过远,且路段中有多个交叉口时,远点信息会多次出现,为避免驾驶人出现厌烦心理,可采用两种方式来解决:一种是在远点信息上增加距离信息,给驾驶人心理预期;另一种是采用分级指引,在出发地和目的地之间,选取下一级别的信息,如 B 层信息作为过渡,将告知过程分为两段式。

以图 4-2 所示为例,工业大道、中山路为主干路,青山路、人民路、胜利路、解放路、八一路为次干路,车辆从工业大道—八一路交叉口向北出发。标志信息设置方式如下:

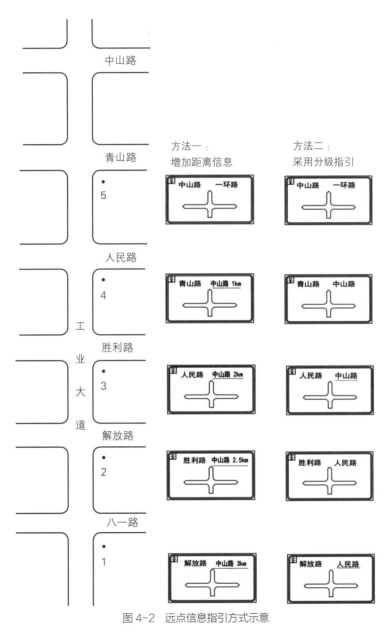

图 4-2 远点信息指引方式示意

方法一是根据近远点信息选取原则，远点信息为中山路，但考虑中山路距离目前路口较远，因此在远点信息上增加距离信息，如图中方法一所示。

方法二是为避免中山路重复出现，在其他相交的次干路中，选择流量相对较大的人民路作为过渡信息，先进行告知，如图中的方法二所示。在车辆到达人民路后，远点信息再调整为中山路。

2. 近点信息

优先选用 B 层信息，没有此类信息时，可降低信息层级，选择 C 层信息。

3. 左右转信息

左右转指示信息是指通过相交道路能够到达的目的地，应与相交道路的下游道路交叉口标志信息保持连续性。如果相交道路为次干路，则信息指引原则遵循次干路的要求，见 4.2 节相关要求。

如图 4-3 所示，泰山大道与八一路路口标志 1 中，左转指示的近点信息为长江路，远点信息为一环路，表示左转后沿着八一路直行，最近的目的地为长江路，远目的地为一环路。当车辆左转到达长江路与八一路路口，在标志 2 中，直行方向近点信息为下一道路中山路，远点信息为一环路，与标志 1 中左转远点信息保持了连续，如图中的蓝圈所示；标志 2 中的横向道路为长江路，与标志 1 中左转近点信息一致，如图中的红圈所示。

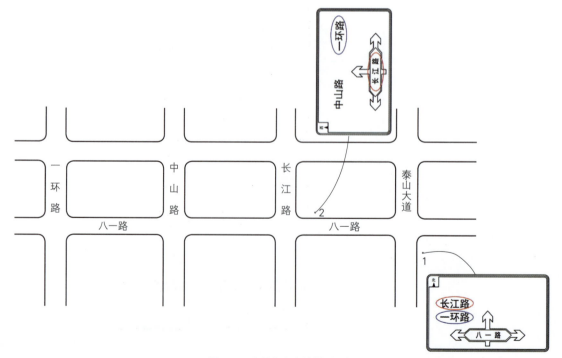

图 4-3 左转信息连续指引示意

【案例】新华大道是连接青羊区、龙泉驿区、金牛区的连通性主干路，位于城市核心区外围，交通功能明显。在此选取新华大道的二环路东段至一环路东段之间的路段为例，对跨片区通行指路信息选取进行说明，跨片区通行主干路指路标志设置示例如图 4-4 所示。

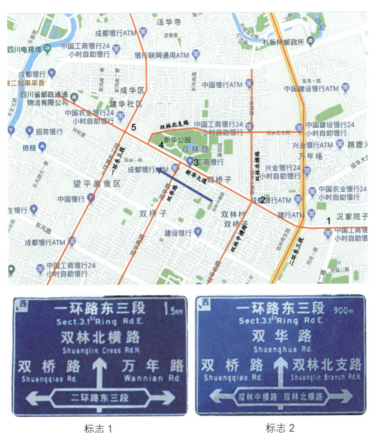

注：示例中标志版面尚未更新，所以标志的远点信息在上，近点信息在下。

图 4-4　跨片区通行主干路指路标志设置示例

一环路东三段是快速环线，在信息等级划分上属于 A 层信息，因此直行远点信息选取了一环路东三段，并对距离进行了标识。新华大道路段沿线相交道路基本为主次干路，分属 B 层或 C 层信息。遵循上述信息选取的原则，直行方向的近点信息为下一路口相交道路，近点信息随着前进方向，依次迭代出现。左右转信息与左右转的下游路口指路标志中信息相匹配。需要注意的是，道路标志尚未更新，标志中的第一条信息为远点信息，第二条为近点信息。

当车辆行驶至新华大道与二环东三段路口时，标志1处直行方向远点信息为一环路东三段，近点信息为下一路口相交道路双林北横路。车辆沿着主路行驶至新华大道——双林中横路路口时，标志2的远点信息依旧为一环路东三段，而近点信息变更为下游相交道路双华路。沿着车辆前进方向，标志3、标志4、标志5的近点信息逐个由下游相交道路的信息替代，远点信息则一直到车辆行驶至新华大道与一环东三段路口时，才由下一个远点A层信息人民中路三段替代。

需要注意的是，双林北支路虽然是支路，但它是进入成华片区的一条通道，与新华大道的路口采用信号灯控制，同时此处也是远点信息由一环路东三段转为人民中路三段的变换处，所以该路口处采用了大型标志版面。

4.1.2 片区内指引

主干路在片区内时，其发挥的功能需要考虑两类情形：一类是为沿线用地服务，为片区（组团）内部中等距离交通联系提供出行服务，此时信息指引更多侧重区域内部的沿线交通出行；另一类是在临近片区（组团）边界，存在跨区通行需求，信息指引可参考跨片区指引进行设置。

片区内部的主干路，由于其服务性有所增加，沿线相交的道路控制方式会发生改变，特别是主干路和支路相交，会出现信号控制情况。服务片区内部的主干路，信息侧重片区中短距离的指引，与跨片区应有所区别。

（1）主干路与主干路相交　行进方向对近、远点信息进行告知时，远点信息可选择区域内的A层或B层信息，近点信息可选择B层或C层信息，侧重对片区内部出行的中短途指引的需求。左右转的信息仍要与相交道路信息保持连续。

（2）主干路与次干路相交　主干路的直行方向按照上述的主干路信息选取方法，但由于左右转将进入次干路网，所以其信息应遵循次干路的信息选取原则确定，参考4.2节相关内容，保持信息一致。

（3）主干路与支路相交　采用信号控制的，主干路上指路标志版面样式宜采用图4-5所示样式，主要是对近点信息进行指引。

图4-5　主干路片区内指路标志版面样式

【**案例**】姚隘路是一条东西贯穿的主干路，此处以中心城区的曙光路至中兴路路段进入中心区方向的标志设置为例，来说明片区内通行主干路的指路标志信息设置，示例如图 4-6 所示。

根据当地信息等级划分，虽然快速路世纪大道为 A 层信息，主干路中兴路为 B 层级信息，但考虑到此路段是中心片区内部，兼顾远距离出行的同时还要考虑到中短出行需求，因此在进入城区后，标志中的远点信息选取中兴路，近点信息分别为下一路口所相交道路，如标志 1、2、4 所示。宁徐路为一支路，为信号灯控制路口，因此该路口的标志仅对当前行驶道路和相交道路的信息进行告知，并采用了车道信息与指路信息结合方式，如标志 3 所示。

在中兴路路口处，由于已经到达了远点信息指引的中兴路，因此将远点信息更换为下一个 A 层信息世纪大道，近点信息为下一相交道路桑田路，如标志 5 所示。

标志 1

标志 2

标志 3

标志 4

标志 5

图 4-6 片区内通行主干路的指路标志信息设置示例

4.2 » 次干路指引

次干路是城市片区基础路网,在干线道路与支线道路之间发挥了转换作用,具有较强的集散功能,主要服务于片区内部的中短距离出行。从道路网衔接关系来看,次干路除了不能和快速路衔接,它可以和其他各种等级的道路衔接,因此,次干路在城市通行中扮演了重要角色。

1. 版面样式

次干路不一定与相邻组团次干路相接,但作为片区内的主要通道,在片区内部会形成完整的网络。考虑到次干路作用,服务对象集中在片区内部的中短距离出行,所以在指路信息中优先选取 B 层信息。由于次干路的道路空间相对主干路要窄,一般为双向 2~4 车道,次干路上标志版面尺寸相对主干路较小,次干路指路标志常用的样式如图 4-7 所示。

次干路与主干路相交的时候,交叉口等级相对较高,一般会采用信号灯控制,次干路上的标志版面可以采用图 4-7 所示的两种。但次干路与支路相交时,次干路上的标志版面要根据次干路与支路交叉口控制方式来确定。如果是非灯控路口或右进右出的路口,可只对相交的支路告知,如图 4-8 所示;如果是采用信号灯控制,可采用图 4-7 所示的样式。

图 4-7 次干路指路标志常用的样式　　　　图 4-8 相交道路指引

2. 信息选取

在信息的选取中,近点信息需要综合到达点的距离和重要性来确定。近点信息一般多为下一条连接道路,从信息的重要程度来看,首选为 B 层,其次为 C 层信息。远点信息一般要提前 2~3 个路口进行预告,并重复指引,设置的方式可以参考主干路。远点信息在重要程度上,优先选取 B 层信息,其次为 A 层信息。因为考虑到次干路的服务对象为中短距离出行,A 层信息之间距离相对较远,快速路、主干路都是骨干路网,快速路间距宜不小于 5km,交通性主干路间距不小于 2km,非交通性的主干路也不宜小于 700m,所以对于次干路来说,远点信息优先选用 B 层。但如果同一点位处,有 A、B 两个层级时,则首选 A 层。

【案例】永乐路为片区内的一条次干路，沿线相交道路中，清扬路、通扬路、塘南路、兴源路为主干路，南长街为次干路，向阳路为支路。以由南向北方向的指路标志信息选取为例进行说明，次干路指路标志设置示例如图4-9所示。沿线标志版面样式采用了图4-7所示中次干路指路标志样式，直行方向指示近远点信息，左右转方向指示近点信息。需要注意的是，道路标志尚未更新，标志中的第一条信息为远点信息，第二条为近点信息。

标志1

标志2

标志3

标志4

标志5

标志6

注：示例中标志尚未更新，所以标志的远点信息在上，近点信息在下。

图4-9 次干路指路标志设置示例

在标志 1 中，下一路口为通扬路，因此近点信息选择了通扬路，远点信息优选 B 层信息，在此路网中，最近的 B 层信息为塘南路（主干路），但塘南路距离该路口有 1.5km，考虑次干路主要作用是服务与周边道路的中短距离通行，其间南长街（C 层）虽然为次干路，却是该片区进入中心城区唯一一条通道，交通功能非常重要，同时该条道路周边分布了众多的商贸活动场所和历史文化景点，考虑南长街交通功能和服务功能的重要性，因此在远点信息中选用了南长街。

在 2 号点位置，即通扬路与永乐路交叉口处，前方与永乐路相交的道路按照由近到远的顺序分别是：南长街（次干路）、向阳路（支路）、塘南路（主干路）。根据信息等级划分，南长街、向阳路属于 C 层信息，塘南路为 B 层信息。该路口向东下一路口则为南长街，所以根据选取原则，远点信息选用塘南路；近点信息则选用下一路口相交的南长街。在 3 号点时，标志远点信息仍保持为塘南路，近点信息则调整为向阳路。

4.3 支路指引

支路是生活服务性道路，有些支路甚至只能供行人、非机动车通行。一般情形下，支路与次干路、支路相交，尽可能避免与主干路直接相交。GB 50647—2011《城市道路交叉口规划规范》中规定，支路与不同等级道路相交时的交叉口选型以及控制方式见表 4-1。不同交叉口类型及其控制方式，对支路上指路标志的信息选取以及版面样式都会产生影响。

表 4-1　交叉口选型以及控制方式

交叉口类型	选型	
	应选类型	可选类型
主—支交叉口	平 B1 类	平 A1 类
次—支交叉口	平 B2 类	平 C 类或平 A1 类
支—支交叉口	平 B2 类或平 B3 类	平 C 类或平 A2 类

注：平 A1 类、平 A2 类：信号灯控制交叉口。平 B1 类：支路只准右转通行交叉口。平 B2 类：减速让行或停车让行交叉口。平 B3 类：全无控制交叉口。平 C 类：环形交叉口。

4.3.1 主干路、次干路与支路相交

支路与不同等级道路相交时，采取控制方式不同，所以在信息指引，特别是标志版面选择时，宜结合控制方式进行调整。

1. 实施右进右出控制、让行控制或无控制

采用右进右出控制、让行控制或无控制时,多是路口交通条件尚未达到设置信号灯要求,支路交通性功能相对较低。因此,主干路、次干路上的标志,可采用图4-10所示中的样式1,仅对相交支路进行指引;支路与主干路、次干路相交,区域内部的车辆可通过支路行驶至主干路、次干路上,在支路上需要对主干路、次干路上下游的信息进行指引,此时可以采用样式2的堆叠型,对周边路网进行指引,信息选取还是遵循就近原则。

图4-10 实施右进右出控制、让行控制或无控制的主、次干路与支路相交路口标志样式

2. 实施信号灯控制

采用信号灯控制时,这类支路的交通流量相对较大,道路空间条件相对较好。支路方向首先应根据道路空间,可以采用如图4-11所示中的两种样式,选取较为合适的标志样式,信息量一般控制在3条为宜,以下游最近的信息为主进行告知。相交主干路、次干路的标志版面样式和主线道路标志样式保持一致即可。如果采用环岛控制,标志设置参照执行。

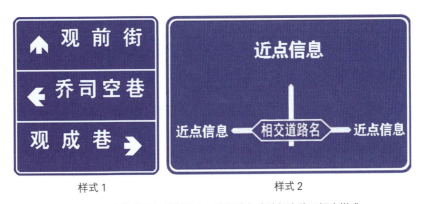

图4-11 实施信号灯控制的主、次干路与支路相交路口标志样式

当存在下述情形时,即使为信号灯控制的路口,相交的主干路、次干路上指路标志仍可仅对相交支路进行指引:

1）支路实施单行控制。

2）支路交通流量小，因安全因素而采用的信号灯控制。

3）上下游有更高级别交叉口，且与支路距离较近。

【案例1】乌鲁木齐南路是南北方向支路，肇嘉浜路是东西走向的主干路，东安路是次干路，三条道路交叉口采用了信号灯控制，如图4-12所示。肇嘉浜路的指路标志遵循主干路的信息设置原则，其直行方向采用了近远点信息告知方式；乌鲁木齐南路则采用小型标志，只对最近的下游信息进行指引。

图4-12　主干路与支路交叉口标志设置示例1

【案例2】江苏路—昭化东路是信号灯控制路口，江苏路为南北方向的主干路，昭化东路为东西方向支路，且实施西向东单行，如图4-13所示。江苏路上标志仅对昭化东路进行告知。

标志 1

图 4-13 主干路与支路交叉口标志设置示例 2

【案例3】县前西街为中心城区的一条干路，新生路为中心城区的一条背街小巷，机动车交通流量虽然不大，但慢行交通流量较大，同时该支路沿线设有两个社会停车场，进入支路停泊的车辆较多，如图 4-14 所示。为保证行人、非机动车交通安全，同时避免进出停车场的车辆对干线干扰，在县前西街—新生路路口实施信号灯控制。该路口位于解放北路、中山路两个主干路之间，上下游间距约为 200m，上下游路口已经有较为完善的道路指引，此处仅对相交道路进行指示。

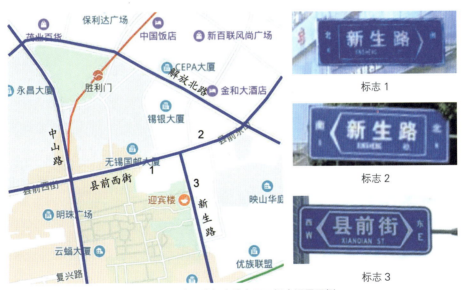

标志 1

标志 2

标志 3

图 4-14 次干路与支路交叉口标志设置示例

4.3.2 支路与支路相交

1. 让行控制或全无控制

此类路口的机动车流量较小，多服务于慢行交通和短距离出行，信息指引应以周边的地物信息为主。可采用图 4-15 所示样式 1 的堆叠型标志牌，主要对相邻上下游道路进行指引，也可采用样式 2，对相交道路指引。

图 4-15　全无控制的支路与支路相交路口标志样式

【案例】星云路—赤山路路口采用让行控制，该路口东侧以及北侧延伸段与东环大道相连，西侧与白云山中路相接，南侧与市府大道相接，周边主要为居民区，所以该路口主要为节点周边交通提供指引。路口采用了堆叠型标志牌版面，信息选取了最近的可到达道路信息，如图 4-16 所示。

图 4-16　让行控制支路与支路交叉口标志设置示例

2. 信号灯控制或环岛控制

实施信号灯控制或环岛控制的支路交叉口，主要对下游相交道路进行告知，优先选用 C 层信息，其次为 B 层信息。由于支路空间较窄，可采用图 4-17 所示中的两种样式的标志版面，信息量宜为 3 条。但胡同街坊道路单行，因安全设置信号灯、断头路等类型的支路，虽采用信号灯或环岛控制，但也可只对相交道路进行告知。

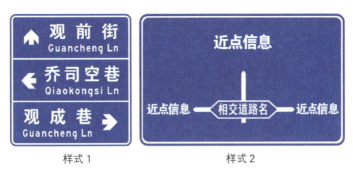

样式 1　　　　　　　　　　样式 2

图 4-17　信号灯控制的支路与支路相交路口标志样式

【案例】图 4-18 中，除了淮海路，所有道路都是支路，且均实施了单向交通组织。复兴中路、瑞金二路的道路条件较好，其他支路相对较窄。瑞金二路—复兴中路交叉口、瑞金二路—南昌路交叉口实施了信号灯控制。

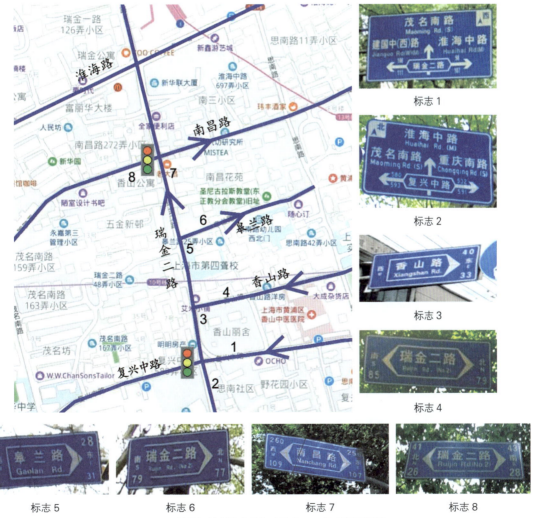

图 4-18　信号灯控制的支路与支路交叉口标志设置示例

复兴中路虽然为支路，在该区域内，较其他支路更具有一定交通功能。因此在此路口处的标志牌采用了地图型标志，如标志1~2所示。

南昌路贯通性较好，但道路较窄，仅有一个车道，为街坊性道路，侧重于沿线短途交通出行。虽然采用信号灯控制，但交通功能并不突出，因此指路标志采用小型标志，仅对相交道路进行告知，如标志7~8所示。

香山路、皋兰路与瑞金二路的路口为无信号灯控制路口，均采用了小型指路标志，仅对相交道路进行告知，如标志3~6所示。

4.4 » 进出城区指引

4.4.1 一般进出城交通指引

在城市路网规划中，公路多通过快速路或交通性干路与城市内部路网连接，而不是直接与城市内部道路连接，这样不仅有利于把对外联络的交通快速引出，也减少入城交通对城市内部交通的冲击。所以在进出城的交通指引中，重点是考虑连接道路上的信息如何通过逐级指引，将入城车辆逐级由外围公路转换到内部道路上，出城车辆逐步引导到外围公路上。

进出城交通指引系统设计之初，应根据城市路网结构、不同等级道路在路网中的功能，对整体路网层级进行划分。一般来说，有快速路路网的城市，路网级别可划分为三级：第一级道路是与高速公路、外围公路连接的外环快速路和部分主干路；第二级道路是与第一级道路相交或相连的内环快速路和主干路；第三级道路为次干路和支路。没有城市快速路网的，可以划分为三级或两级。如划分为三级，第一级为与高速公路、外围公路连接的主干路，第二级为次干路，第三级为支路；如分为两级，次干路和支路可以划分在一个级别中。各地的路网条件不同，还是需要结合实际情况进行分级。

分级之后，结合市区内部行政区域的划分，确定城市内不同的大方向，再确定通往不同大方向的主要进出通道。这些通道多是由一级道路和部分二级道路构成，并确定好通道上关键节点。例如南昌以市中心的八一广场为基准点，对进出城的东南西北四个方向车辆主要通道进行设计，如图4-19所示。

1. 出城指引

对于驾驶人来说，需要得到的信息有：一是去往目的地的国省道路、高速公路入口位置以及周边区县市的方向等出城信息；二是通过哪些道路可以行驶到与公路、高速公路相接的进出城通道上。因此在出城指引时，重点是要对这两类信息进行指引。

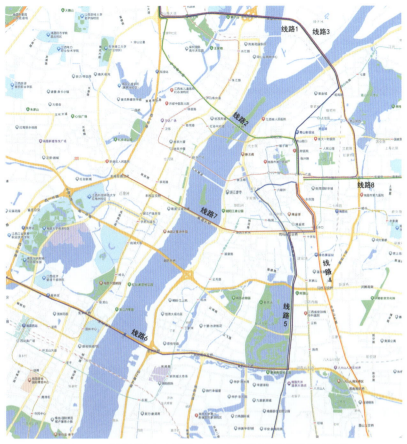

图4-19 进出城的东南西北四个方向车辆主要通道的设计示例

按照逐级引导的原则，根据行驶路径将车辆逐步引导到进出城通道上，先要将区域内的车辆引导至二级道路上，在二级道路上行驶接近城区边缘时，再指引其行驶至一级道路上，然后由一级道路行驶至高速公路或公路网上。在行驶过程中，需要在关键的节点上进行指引。

转换关键节点与实际出发点的距离较远，需要不间断进行重复告知。远距离指引的时候，有两种方式，一种是在告知标志中进行远点信息指引，另一种是在路段中设置地点距离标志，可以将两种方式综合使用。告知标志的指引一般是用于快接近关键节点时，在其上游的交叉口进行连续指引；当实际的出发点至关键转换节点距离还较远时，通过设置地点距离标志的方式进行预告指引。通常在进出城通道中的二级道路与三级道路衔接的第一个转换关键节点处，应对出城方向进行指引，通道的分流节点、方向变换的节点处，也应对出城方向进行指引，期间可根据上下游标志之间的间距，适当进行重复。

2. 入城指引

入城车辆在驶离公路后，需要保证车辆行驶大方向正确，其后才可以按照前往方向，将其引导到连接前往方向的一级道路上。在公路段与一级道路过渡时，首先需要对区域大方向进行指引，并对连接的一级道路进行预告。车辆驶入一级道路后，再对大方向连续指引，指引其行驶至二级道路，由此完成了入城时由公路网向城市路网的转换。

如图 4-20 所示，车辆从沪宜高速驶出后，可以通往的市域大方向为往东到达市区、往西到达洛社、往南到达钱桥，与高速公路连接的主要通道为外环快速江海快速路以及贯通性主干路盛岸路。所以在高速公路出口处的衔接段，标志 1 中的钱桥、市区、洛社为大的区域方向指引，江海西路（东）、江海西路（西）、盛岸西路为所衔接的一级道路。以驶入市区的车辆通行为例，由高速进入市区通道为盛岸西路转至快速内环，所以在标志 1 中告知市区和盛岸西路的信息，车辆在驶出高速后，遵循标志 1 指引驶入盛岸西路后，需要再由快速内环进入到市区，所以在其后的标志 2 指引信息中出现了快速内环，此后的标志中指引信息也同时转为对市域内部道路指引。

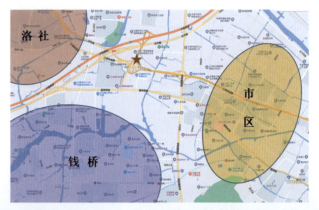

标志 1

标志 2

图 4-20 入城指引的示例

4.4.2 穿城公路段指引

随着城市规模不断扩大，本应在城市外围的公路部分路段会逐渐成为城市内部的一部分，即穿城公路。这部分路段在承担公路交通同时，还兼具城市道路功能，服务周边市域内交通。所以对于这种路段，不仅需要考虑出、入城信息指引，还要兼顾城市内部指引，信息的指引需要分为两个层面来考虑。

一个层面就是进出城交通指引，方法可以参考上述设置，还要考虑过境交通需求的指引。城市周边是公路网汇聚地，如图 4-21 所示，周边汇聚了多条高速和公路，过境交通信息指引不能只考虑穿城指引，还要结合城市周边的公路网布设情况，对周边的公路和交通枢纽进行告知。

另一个层面要考虑到穿城公路段承担的城市内部交通的指引，在设置时，首先要确定穿城公路段在城市路网中所发挥的作用，一般情况多类似主干路，可参考 4.1 节设置。此外，考虑到与城市贯通性主干路相交的交叉口，是交通流集散节点，所以分流信息引导也很重要。

图 4-21　公路网汇聚地

第 5 章 特殊交叉口指引

Chapter Five

5.1 » X 形、Y 形交叉口

X 形、Y 形交叉口形状不规则，如果不能合理指引，容易误读误判。在设计之前，首先要通过渠化措施，降低路口复杂程度，其后根据交叉口的渠化以及交通组织进行指路标志设计。由于路口形状复杂，短时间内驾驶人既要判断交通信息，还要判断行驶方向，所以此类交叉口的信息不宜过多，标志版面简洁明了，应以交通信息为主，尽可能减小标志复杂度。

X 形、Y 形交叉口版面设计的时候，需要根据道路走向来确定标志的版面形式。如果相交道路偏转角度不大、路口视野较好，驾驶人能够判断出道路走向时，标志版面样式可以参照常规交叉口版面形式来设计。如果使用地图型标志时，标志中交叉口样式应与实际路口形状保持一致。但如果驾驶人不易分辨路口走向时，建议采用堆叠型标志，如能配合地面标线进行指引，更加便于驾驶人识别。

【案例1】鸳鸯塔路口是由滨河大道、东兴街、神杨路、鸳鸯塔大桥相交形成的 X 形交叉口，如图 5-1 所示。从道路走向来看，除了滨河大道与东兴街夹角过小外，其他两个方向都较好区分。但路口过大，驾驶人难以观察到出口的情况。

首先对路口进行渠化，将南侧道路停止线前移，缩小交叉口空间，并在鸳鸯塔大桥、东兴街之间设置导流线进行引导。在渠化的基础上，提出 X 形路口指路标志的两种设置方法（图 5-2）：

方法 1 为了能够较为清晰区分道路整体走向，采用地图型标志，版面中的交叉口方向根据标志所在位置，从驾驶人视角来确定形状。

方法 2 采用堆叠型标志，箭头与行驶方向对应。如标志 1，从鸳鸯塔大桥去往学苑路，车辆要向西北方向行驶，因此箭头向西偏转；如标志 2，从神杨路去往府谷方向，车辆向东北方向行驶，因此箭头向东偏转；如标志3，由滨河大道前往继业路，而滨河大道与东兴街夹角过小，车辆实际行驶轨迹为掉头后方可去往滨河大道，因此箭头方向为向斜后方指引。

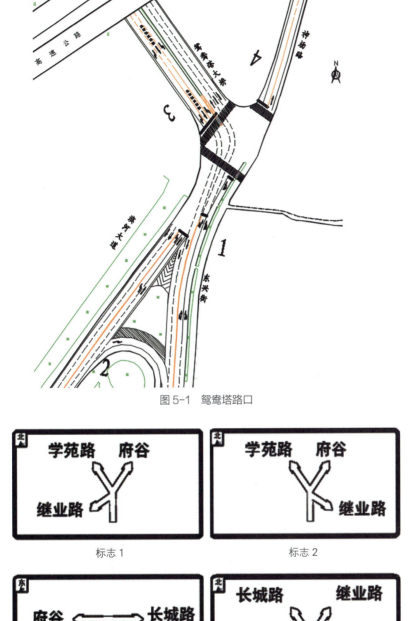

图 5-1 鸳鸯塔路口

标志 1　　　　　　　　　　　　标志 2

标志 3　　　　　　　　　　　　标志 4

a) 方法 1

图 5-2 X 形路口指路标志的两种设置方法

b）方法 2

图 5-2　X 形路口指路标志的两种设置方法（续）

【案例 2】羲皇大道与藉河南路为四路交叉的类 X 形路口，复杂度不高，可采用地图型指路标志，关键在于标志版面中交叉口形状如何展示，如图 5-3 所示。东西走向的羲皇大道和南北走向的迎宾桥均为主干道路；西北侧藉河南路虽然道路较为狭窄，但是一条贯通性的支路，承担了一定的分流功能。所以在交通组织中，藉河南路仍然保留了进出功能。

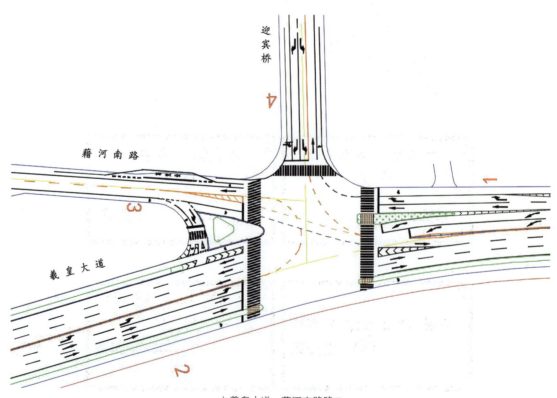

a）羲皇大道—藉河南路路口

图 5-3　四路交叉的类 X 形路口指路标志设置示例

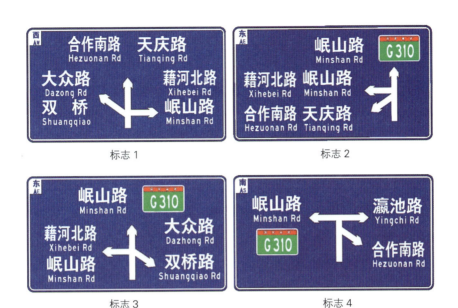

b）标志

图 5-3 四路交叉的类 X 形路口指路标志设置示例（续）

交叉口复杂度不高，但形状独特，导致驾驶轨迹与常规路口差异较大。如羲皇大道西进口车辆，需要做出类似左转掉头的动作后才能进入藉河南路，如果标志路口形状采用常规十字的形状，会引起驾驶人误解。所以，按照标志所在位置，版面里的路口形式根据驾驶人看到的路口形状以及车辆行驶轨迹方向进行绘制，以便于驾驶人理解。

5.2 » 多路交叉口、环形交叉口

多路交叉口的指路标志设置方式，要结合交叉口复杂程度考虑。出口数量为 5 个的，可以考虑采用地图型标志，同时宜在出口位置设置确认标志，或在地面增加引导线，辅助驾驶人对出口进行确认。但如超过 5 个，或虽只有 5 个出口，但道路路线设计、建筑物遮挡等原因，导致出口不易识别的，建议首先进行交通组织设计，封闭或合并不必要出口，降低交叉口复杂度，其后再考虑标志的指引。

环形交叉口一般采用地图型标志，环岛图形按照国家标准 GB 5768《道路交通标志和标线》规定绘制。在支路上的小型环形交叉口，可根据道路空间，采用堆叠型标志，需要注意的是，箭头指引应该遵循环岛的绕行原则。

如图 5-4~图 5-5 所示，长江路五路交叉口和商字环岛在进行指路标志设置时，采用了地图型指路标志样式，标志版面中采用了与实际路口形状相符的图形，对道路进行指引。

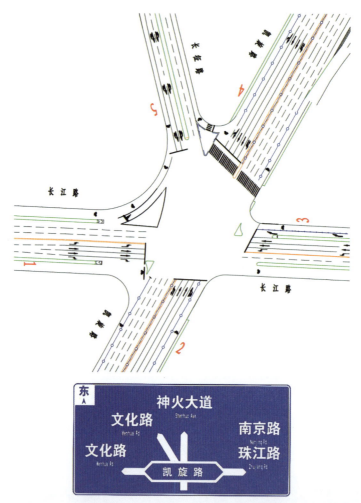

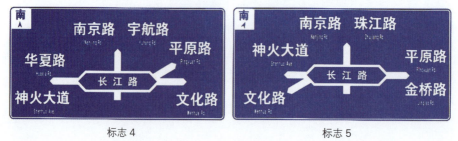

图 5-4 长江路五路交叉口指路标志设置示例

第 5 章 特殊交叉口指引

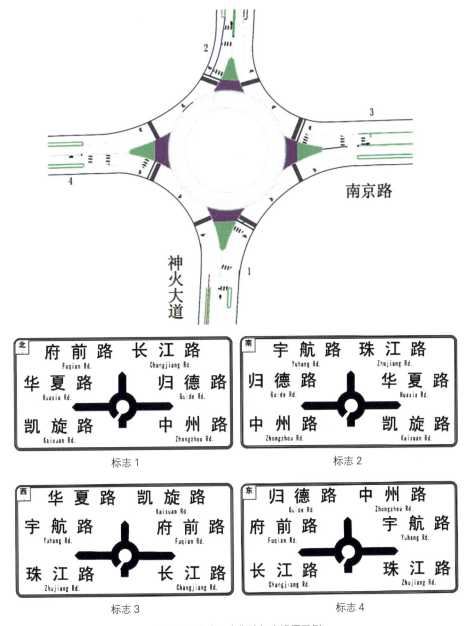

图 5-5 商字环岛指路标志设置示例

5.3 » 复杂区域交叉口

指路标志采用地图型版面,能够直观地向驾驶人展示路口形状,但在复杂区域,图形过于复杂反而会造成驾驶人识别困难。复杂区域指路标志版面如图 5-6 所示,驾驶人在识别过程中,首先确定好目标方向,然后要根据标志上的图形来判断行驶路径,无形中增加了驾驶人的判定难度。所以在复杂区域或交叉口,图形过于复杂时,地图型指路标志反而不易理解，可考虑使用堆叠型标志版面，通过不间断地连续指引，方便驾驶人寻找到通行方向。

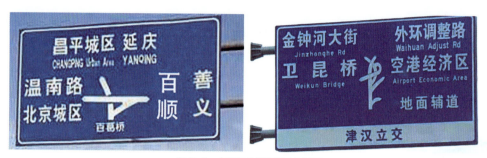

图5-6　复杂区域指路标志版面

在这些复杂区域中，通常会通过实施禁行、绕行、封闭等措施，降低交通流复杂度，此时标志信息的指引，宜结合车流绕行路线进行考虑，确保信息指引连续性的同时，有必要通过增设预告、确认等标志，加强对信息的重复指引，避免驾驶人驶入错误路线。

【案例】瀛池大桥北桥头上下匝道转弯冲突严重，高峰期下游路口排队过长造成路口溢出，同时受空间限制，西匝道与大桥下穿段为小夹角相交，线性不佳存在安全隐患。为改善交通，封闭桥头路口，对上下桥车流进行分隔，导致部分交通流向需要绕行：

1）东、西侧上桥车流，均需要通过藉河北路、成纪大道才能上桥，如图5-7b所示。

2）下桥往西方向的车辆，需要从东匝道下桥后，绕行藉河北路（大桥下穿段）。

3）成纪大道流量较大，部分成纪大道往西的车辆可以通过藉河北路（大桥下穿段）进行分流。

基于以上考虑，指路标志除了方向指引外，还要考虑对上下桥车辆交通指引，如图5-7所示。考虑区域交通绕行复杂性，且藉河北路、东西匝道、大桥下穿段道路空间不大，如果采用传统的地图型指路标志，不仅驾驶人难以理解，而且受到桥下空间和道路宽度限制，不宜设置。因此采用堆叠型标志，通过连续指引方式，引导车辆通行。下面以西侧上桥指引进行说明。

瀛池大桥是周边唯一过河通道，是十分重要的交通节点，在信息选取中，此点作为一个重要的信息进行指引。西侧上桥的车流通过藉河北路（大桥下穿段）转至藉河北路，然后通过成纪大道上桥。因交通组织限制，车辆是无法通过东匝道上桥的，因此标志3中"瀛池大桥"为直行指引，在标志4处"瀛池大桥"为左转指引，在标志7中继续选用"瀛池大桥"进行指引。标志3、标志4、标志7构成了连续的上桥指引。

同时由于成纪大道－藉河北路交叉口与桥头的间距较短，将指路标志和分车道标志进行合并，如标志7~9所示。

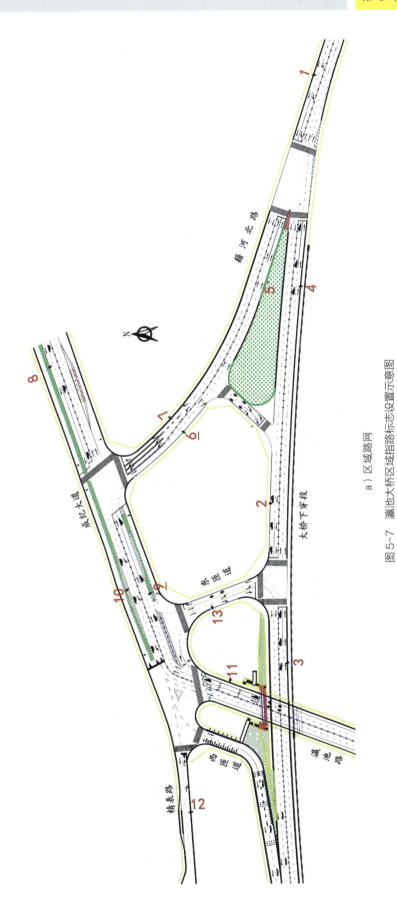

图 5-7 瀛池大桥区域指路标志设置示意图

a) 区域路网

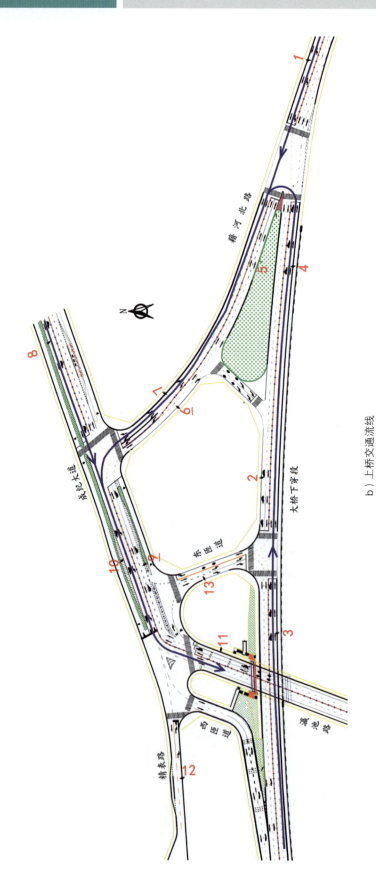

b）上桥交通流线

图5-7 瀌池大桥区域指路标志设置示意图（续）

第 5 章 特殊交叉口指引

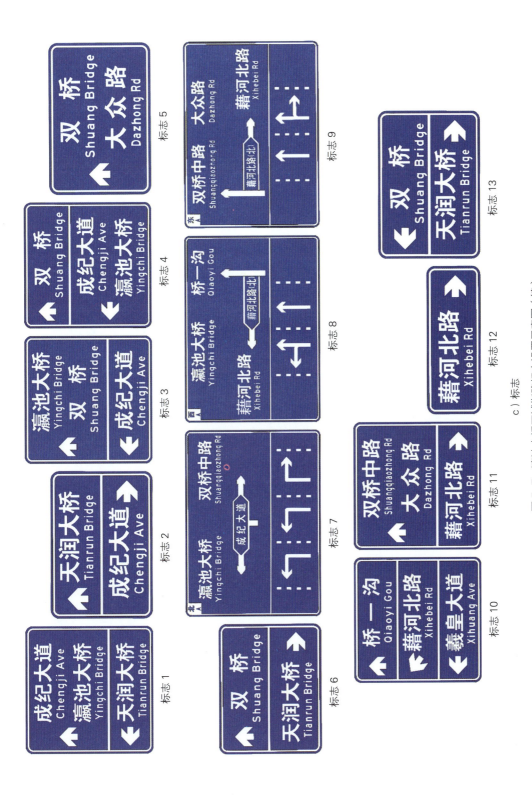

c）标志

图 5-7 瀛池大桥区域指路标志设置示意图（续）

5.4 » 立交桥下交叉口

立交桥下交叉口引发的主要问题有：一是桥墩设置导致驾驶人视线被遮挡，不易寻找到路口出口道位置；二是受到空间限制，道路断面以及路线走向可能受到影响而发生改变，直接影响驾驶轨迹，导致驾驶人误入进口道、走错道路等情况；三是此类路口通常会采用一些交通组织措施，因此需要加强对车流引导。此类交叉口在进行指引时，需要考虑好以下几点：

1）要结合交叉口内部设计空间，以及所采取的管控措施，确定好不同方向的车流行驶轨迹。

2）要加强路口前方预告，空间合适时，可重复对信息的预告提示。

3）加强标志与地面标记的配合使用，特别是在交叉口内部，通过地面导流线、地面文字标记加强引导。

4）利用交叉口内部的桥墩，附着增设小型指路标志、确认标志等，进一步加强指引。

【案例】惠河路与青祁路交叉口为快速路高架下方的路口，高架桥墩设置在路口内部，此处还是快速路上下匝道的衔接处，路口非常复杂，特别是立柱遮挡，导致由东向南的左转车辆，不容易识别到出口位置。因此东进口的指路标志根据车道功能，分方向进行指引。同时为了加强引导，还通过设置地面文字标记、在桥墩上附设指路标志等方式，加强路口内部指引，如图5-8所示。

a）示意图

图5-8 立交桥下交叉口指路标志设置示例

第 5 章 特殊交叉口指引

b）路口形状

c）东进口处的告知标志

d）地面文字标记

e）在桥墩上附设指路标志

图 5-8　立交桥下交叉口指路标志设置示例（续）

5.5 » 短距离交叉口

告知标志应设置在距离交叉口 30~80m 处,但短间距的路口由于距离过近,无法按照标准规定对两个交叉口分别设置,此时可考虑将两个路口合并,按照一个路口设置,即在一块标志上,同时展示两个路口的指路信息。标志的版面应按照道路实际情况来展示,以方便驾驶人理解。

【案例】南京路—华夏路—华商路交叉口(以下简称南京路路口),以及延陵路—文定路—花园路交叉口(以下简称延陵路路口)都是两个典型的短间距错位路口。两个路口之间的距离都不足 80m,如果按照两个路口分别设置指路标志,空间明显不足。所以,将其作为一个路口进行考虑。

图 5-9 所示的南京路路口在标志版面设计中,路口形状按照实际两个路口之间的地理关系进行设计,告知驾驶人前方为一个错位路口。在图 5-10 所示的延陵路路口中,东西方向见标志 1、标志 3,路口形状按照实际路口形状进行展示,但南北直行方向实际为错位,在标志 2、标志 4 版面中却未展示,容易引起驾驶人误解,建议参照南京路路口标志版面样式对其进行调整。

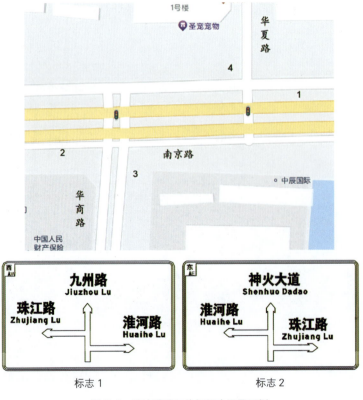

图 5-9　南京路路口告知标志设置示例

第 5 章 特殊交叉口指引

标志 3　　　　　　　　　标志 4

图 5-9　南京路路口告知标志设置示例（续）

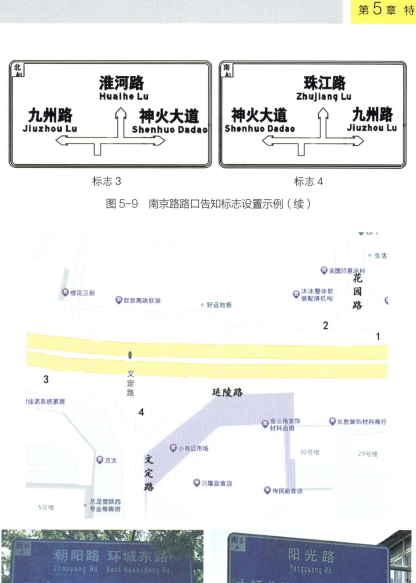

标志 1

标志 2

标志 3

标志 4

图 5-10　延陵路路口告知标志设置示例

075

5.6 » 相交道路名称不同交叉口

道路命名的差异常造成同一条道路在不同路段有不同道路名称,导致这种衔接路口以及上下游路口出现了信息如何指示的问题:一是在当前路口标志版面中,如何告知相交道路的路名;二是上下游交叉口的标志中,选取哪个名称进行预告。

(1)当前路口的指路标志　在当前路口的告知标志版面中,如果需要对相交道路进行告知时,应同时给出左右两侧路名,如图5-11所示。

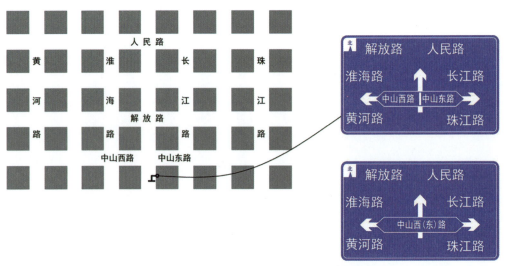

图5-11　左右侧路名不同时当前交叉口告知标志样式

(2)上下游交叉口指路标志　版面空间充足时,宜对两个路名进行告知,可采用图5-12所示的两种方式进行预告。

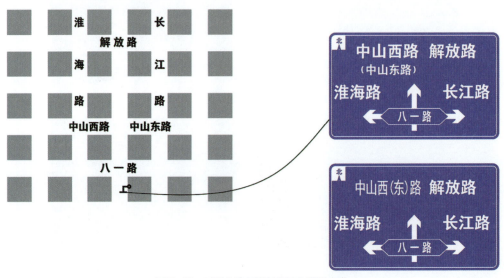

图5-12　对两个路名进行告知的两种方式

如版面受限，仅能选择其中一个名称进行预告时，左右两个路名的选取遵循下列原则：首先根据路网交通管控需求进行选取；其次根据左右两侧道路等级，选择等级较高的；当左右两侧道路等级一样时，则可根据两侧道路交通流量大小、在路网中所承担功能、连通区域重要程度等进行判断，选取其相对重要的，也可根据群众对两侧道路的熟悉程度、知晓率等进行选取。当然，有的城市不以道路等级以及信息的重要程度为选取原则，采用统一制定的原则来选取，比如一律选用右侧方向名字告知，或一律选取左侧的名字告知。这种方式对设计人员来说非常方便，不会存在争议性，但是从信息指引的角度来看，会导致一些重要的道路信息遗漏。

【案例1】西藏南路—金陵东路—金陵中路交叉口的指路标志中，采用了简写方式对同一条道路的两个名称均进行告知，如图5-13所示。如相交道路为金陵东（中）路；交叉口南侧的近点信息为淮海路的东段和中段，因此近点信息为淮海东（中）路，如图5-13的标志1所示；交叉口的北侧远点信息为南京路的东段和西段，因此远点信息为南京西（东）路，如图5-13的标志2所示。

标志1

标志2

图5-13 西藏南路—金陵东路—金陵中路交叉口指路标志设置示例

【案例2】图5-14中相交四条道路名称均不相同，南北走向道路分别为瑞宁路、瑞金南路，东西走向的道路分别为中山南一路、中山南二路。当前路口的指路标志中，相交道路信息告知了相交两条道路，如图5-14的标志1~4所示。南北方向的上下游路口，采用信息简化的方式，对中山南一路、中山南二路进行了指示，如图5-14的标志5~6所示。西侧的上游路口，由于版面受限，考虑到瑞金南路是进入中心区的主要通道，相对瑞宁路重要性更高，因此在信息指引中，选取了瑞金南路，如图5-14的标志7所示。

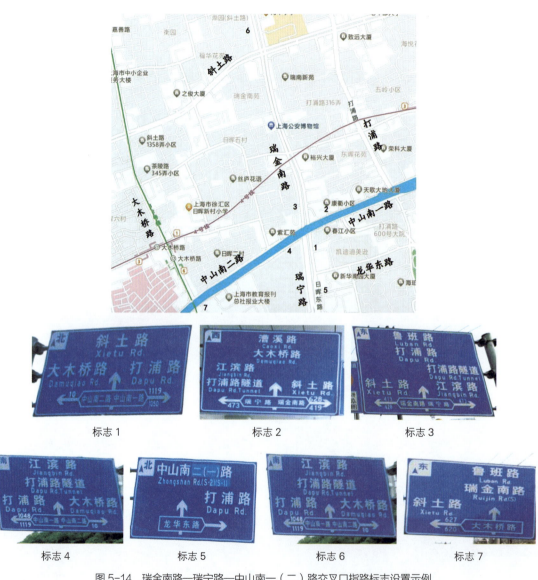

图5-14 瑞金南路—瑞宁路—中山南一（二）路交叉口指路标志设置示例

【案例3】人民路（中华路）是次干路，方滨西路、方滨中路是支路，采用由东向西单行，为非灯控交叉口。根据支路设置原则，采用小型标志牌，仅对相交的道路进行告知。考虑到道路四个方向的名称均不相同，因此标志中分别对东西走向、南北走向的道路名称进行了告知，如图5-15所示。

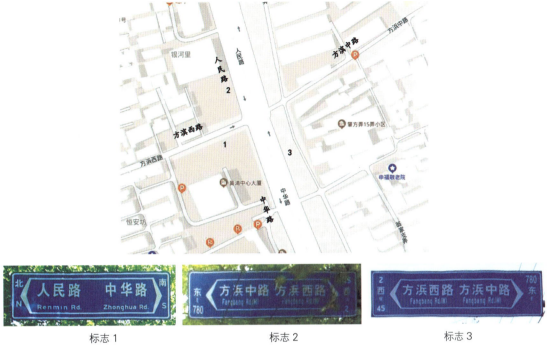

图5-15 人民路—中华路—方滨西（中）路交叉口指路标志设置示例

5.7 » 环形道路交叉口

一些环形或曲线走向道路，邻近路口无论是直行、转弯均会到达同一条道路，在信息选取的时候，需要综合考虑这条环形道路与当前道路的关系，以及道路的功能、控制方式等进行指引，以图5-16的环形道路设置示例进行说明。

在信息选取前，首先要确定当前行驶道路类型以及功能，信息选取的总体原则还是按照前面第4章的设置方式进行确定。其次要根据相交环路道路情况，确定信息选取。可以分为几种情况来考虑，在此假设车辆所在道路东方路为次干路：

情形一：人民路是一条重要的主干路，那么无论是直行还是右转，在当前位置标志上，都应显示人民路的信息，如图5-16a所示。

情形二：人民路如果是支路、巷道，要根据人民路与东方路之间的关系，来考虑标志设置方式，一般情况可以在当前位置上不再提示"人民路"，可以在下游人民路处设置小型标志对"人民路"进行告知，如图5-16b所示。

情形三：人民路是环线，可能存在不同路段的等级或不同重要程度情况，此时应根据出行需要和交通管理需求，分段考虑信息指引方式。比如右侧的人民路是右进右出的支路，而直行方向的人民路路段比较重要，而且路口为灯控路口，那么右侧"人民路"可以不指示，直行方向对"人民路"进行指示，如图 5-16c 所示。

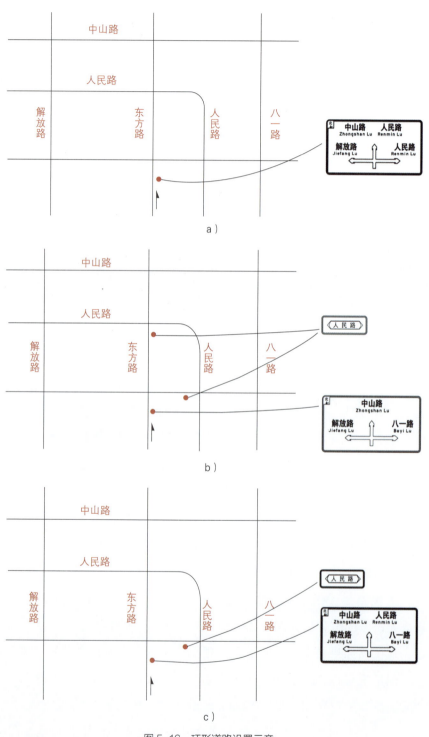

图 5-16 环形道路设置示意

【**案例 1**】图 5-17 中的张东路和金葵路交叉口南侧的金槐路为环形道路，金槐路是东西贯通道路，同时也是该地块最南侧道路，所以图中红色位置的指路标志中，直行和右转均指示了"金槐路"。同样，图 5-18 的金港路与新金桥路西侧的金湘路也是环形道路，所以直行和左转方向均指示了"金湘路"。

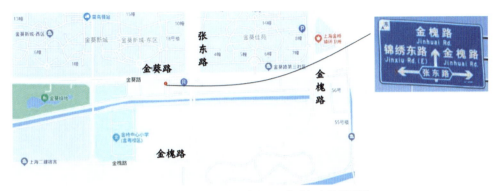

图 5-17　张东路—金葵路交叉口指路标志设置示例

图 5-18　金港路—新金桥路交叉口指路标志设置示例

【**案例 2**】蠡溪路与望山路西侧的隐秀路是一环形道路，所以图 5-19 上红色位置的指路标志，直行和右转理应都指示"隐秀路"。但考虑到隐秀路沿线地块开发强度低，交通流量低，从周边出行需求来看，南北主干路鸿桥路的出行需求更大。同时受到标志版面的限制，右转只能指示一个信息，所以选择"鸿桥路"，西侧隐秀路的信息则由隐秀路与鸿桥路交叉口处的确认标志进行告知；直行方向采用了近远点信息，近点信息为"隐秀路"，远点信息为"金城西路"，如图 5-19 的标志 1 所示，由于此处标志尚未更新，所以直行方向近远点信息是与 GB 5768 的规定颠倒的。为保持信息连续性，隐秀路标志上直行近点信息为"鸿桥路"，保证了标志 2 与标志 1 的右转信息连续。

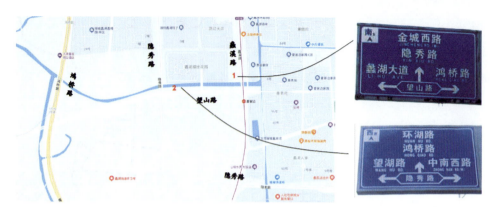

图 5-19　蠡溪路—望山路交叉口指路标志设置示例

5.8 » 限制通行权交叉口

禁止货车通行、车辆限高、禁止左转、禁止右转等禁行措施，都是对通行权的限制，所以实施禁行的路口，应提前对禁行相关要求进行预告，让通行受限的出行者提前做好规划。这种情况下，可在指路标志上，特别是预告标志和告知标志中，增设相应禁令信息，对交叉口的禁行措施进行预告和告知。如果进口道进行限制，最好是在上游的交叉口的指路标志中提前进行预告。同时，在路口处，还应单独设置禁令标志，否则将无执法效力。如图 5-20 所示，北面道路禁止货车通行，因此其他三个方向的告知标志中，增设了禁止货车通行标志，并在出口处设置了禁止货车通行标志。

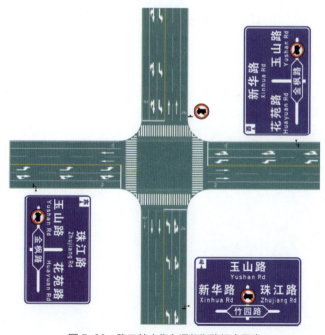

图 5-20　路口禁止货车通行指路标志示意

禁令标志在指路标志中不同位置，信息含义是不同的：

1）提前预告下游将要到达的道路实施限行，禁令标志设置在道路信息标志旁，如图 5-21a 所示。

2）交叉口下游路段实施限行时，禁令标志设置下游的箭头杆上，如图 5-21b 所示。

3）当前交叉口实施限行措施时，设置在箭头杆下端，如图 5-21c 所示。

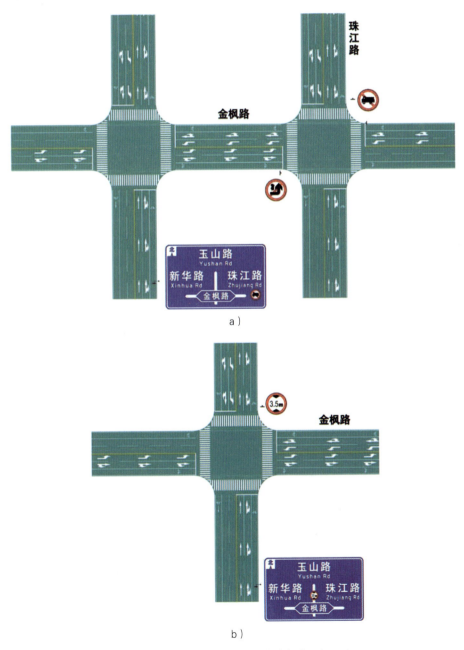

图 5-21 禁令标志与指路标志组合示意

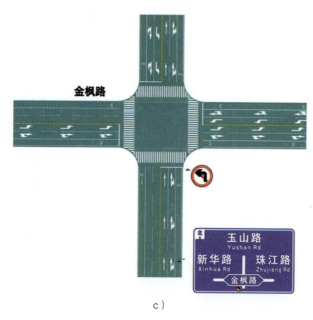

c)

图 5-21 禁令标志与指路标志组合示意（续）

【案例】桃花坞大街由西向东单行，因此人民路南进口禁止左转，北进口禁止右转。在人民路方向的指路标志中增设禁令标志，预告交叉口的禁止转向，如图 5-22 的标志 1、标志 2 所示。但标志中禁令标志设置在相交道路上，容易使人理解为下条道路实施禁左，如设置在箭头下方表示当前路口禁止转向则更为合适，如图 5-22 的标志 4 所示。桃花坞大街西向东单行，所以仅在西进口方向设置了指路标志，如图 5-22 的标志 3 所示。

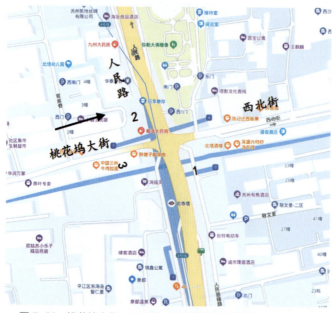

图 5-22 桃花坞大街—人民路—西北街交叉口指路标志设置示例

标志 1

标志 2

标志 3

标志 4

图 5-22　桃花坞大街—人民路—西北街交叉口指路标志设置示例（续）

第6章 快速路指路系统

Chapter Six

6.1 » 快速路入口指引

快速路入口指引系统按照指引顺序包括入口引导、入口预告、入口指示等子系统，各子系统的主要功能如下：

（1）入口引导　指引快速路入口服务范围内的驾驶人寻找并驶入快速路入口。

（2）入口预告　在城市快速路入口附近对入口进行预告，提示驾驶人按照指示方向即将到达快速路入口。

（3）入口指示　在快速路入口处，告知即将进入的快速路道路名称、将会到达地点及相关信息。

入口指引的三个子系统中，包含多种类型的标志。入口引导包括指示快速路名称信息的一般指路标志；入口预告包括200~500m范围的入口预告标志；入口指示包括设置在入口处的入口标志和设置在入口分流处的入口处地点、方向标志。入口指引系统标志的构成及设置形式见表6-1。

表6-1　入口指引系统标志的构成及设置形式

入口指引系统	包含标志	设置形式
入口引导	一般指路标志	作为地点信息嵌套在一般指路标志中
入口预告	入口预告标志	一般道路路侧单独设置
入口指示	入口标志	快速路入口处单独设置
	入口处地点、方向标志	入口处及入口处的二级分流点处设置

快速路入口指引系统如图6-1所示，A_1~A_3为入口引导，设置在距离入口较近范围内具有显著集散功能的主要交通节点，对快速路入口位置进行引导；B_1~B_2为入口预告标志，对快速路入口进行方向和距离预告，一般在距离入口200~500m范围内，选择合适位置设

置;在快速路匝道起始处设置的 C_1 为入口标志,指示快速路入口所在位置,在入口处的分流点处设置的 C_2 为入口处地点、方向标志,对驶往快速路和地面道路的不同方向上信息进行指示。

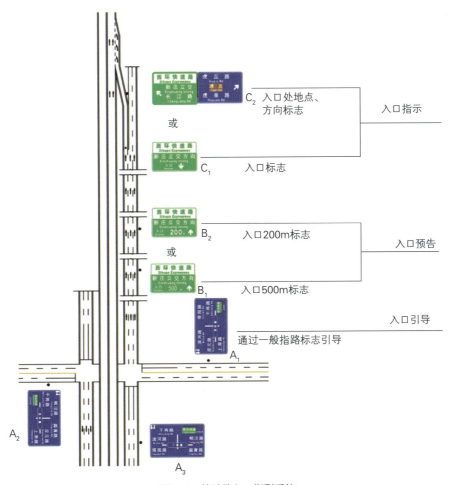

图 6-1 快速路入口指引系统

6.1.1 入口引导

入口引导主要用于指示从一般道路网进入快速路网,表现了一般道路网与快速路网之间的衔接方式,是从入口相邻的主要交通节点引导进入快速路网的重要标志。入口引导在一定的范围内帮助驾驶人明确快速路入口方向并寻找到入口。一般设置在快速路入口服务范围(即入口的 2~4km 范围,部分重要的环形快速路的入口覆盖范围可更大)内的交通性的主、次交叉口处,非交通性道路上可选择性设置快速路信息。通常结合一般城市道路指路标志设置,在标志上内嵌快速路信息,应尽可能标明距离信息,标志上的快速路信息采用绿底白色,入口引导标志如图 6-2 所示。

图 6-2 入口引导标志

6.1.2 入口预告

入口引导是帮助驾驶人找寻入口的位置，而入口预告是要明确告知驾驶人快速路入口的方向和距离。所以，入口预告标志一般设置在入口附近，按照指引可到达入口位置并驶入快速路。相较于入口引导，入口预告更明确告知驾驶人快速路的名称、方向、距离及可到达的地点信息。入口预告指示的信息应逐级推进，快速路名称应与一般道路指路标志中所指示的名称保持一致。

设置的入口预告标志应能完成从入口附近到入口具体位置的指引作用。标志中的预告信息主要包含快速路名称信息、快速路所能达到的主要目的地名称信息、入口方向信息、入口的距离信息。其中快速路入口方向、快速路名称是必须设置的信息，到达目的地和距离信息可根据需要和版面大小设置，入口预告标志如图 6-3 所示。

图 6-3 入口预告标志

城市路网密度较大，路口间距较小，所以快速路入口预告不宜设置过多，否则易与一般道路的标志相互遮挡，且存在过度重复的问题，具体的设置方法如下：

1）当入口匝道向上游延伸至 500m 范围内无衔接交叉口，可在连接段 200~500m 位置处设置一块入口预告标志，如图 6-4a 所示。

2）当入口匝道向上游延伸至 200~500m 范围内有衔接交叉口，可在衔接交叉口设置入口预告标志，并根据实际情况在入口连接段再设一级预告，如图 6-4b 所示。

3）当入口匝道向上游延伸至 200m 范围内存在衔接交叉口，在衔接交叉口提前设置预告，如图6-4c所示。若与一般道路的指路标志位置重叠时，为了不产生遮挡，可采用较小版面并将入口预告标志设置在一般道路指路标志上，如图6-4d所示。

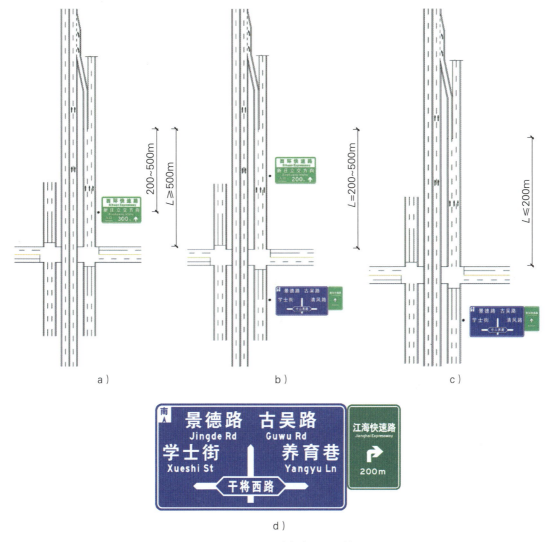

图6-4 入口预告标志设置示例

6.1.3 入口指示

用于入口指示的标志，主要包括入口标志及入口处地点、方向标志。入口标志用于对前方快速路入口相关信息的指示；当入口处存在分流时，则使用入口处地点、方向标志。

1. 入口标志

入口标志告知前方进入的快速路道路名称信息，应与入口预告标志中所信息一致。版面形式主要有指示方向（图6-5a）或指示车道（图6-5b）两种。如果入口匝道有多个车道，且通往快速路或地点不一样的，宜使用指示车道形式，对每个车道的通往方向进行指示。入口标志宜采用门架支撑结构形式，与快速路的其他管控信息进行并设，设置于快速路入口端部正上方，入口标志组合管理措施如图6-6所示。

a）指示方向　　　　　　　　b）指示车道

图6-5　入口标志

a）管理措施悬挂于门架两侧杆件上　　　b）管理措施组合后悬挂于入口门架上方

图6-6　入口标志组合管理措施

2. 入口处地点、方向标志

如果快速路在入口处与一般城市道路有分流，或同一入口可驶往两条不同快速路时应设置地点、方向标志，在指示驶入的快速路名称、地点及方向信息的同时，指引通过一般道路或另一方向快速路会驶往的方向信息。快速路指示部分版面信息选取即将驶入的快速路名称和可以到达的近远点地点信息，其中快速路部分采用白底绿字，地点及其他信息采用绿底白字；一般道路指示部分采用蓝底白色，信息选取前面到达的道路或地点信息。入口处地点、方向标志设置在入口连接匝道分流点端部，采取T形杆或者门架形式，对不同方向的信息进行指引。

图6-7a所示为快速路入口在左侧时与一般道路分流点处的标志，左侧入口标志指示可进入北环快速路并可到达新庄立交，右侧蓝色标志指示地面道路可到达虎丘路、虎丘及虎泉路；图6-7b所示是快速路入口在行驶方向右侧时快速路和地面道路分别可到达的信息示例。图6-7c所示为快速路入口二级分流点处的地点、方向标志。

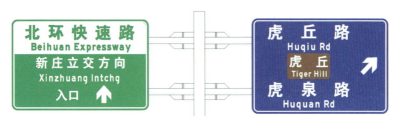

a）与一般道路分流点处的标志（快速路入口在左侧）

b）快速路和地面道路分别可到达的信息示例（快速路入口在右侧）

c）快速路入口二级分流点处的地点、方向标志

图 6-7　入口处地点、方向标志

6.2 快速路路段指引

6.2.1 一般路段指引

路段指引系统主要指的是快速路入口、出口范围外的车道指示系统，主要指示当前所在快速路信息、可到达的重要地点的距离信息，以及各个车道的指引信息。路段指引系统的标志构成及设置形式见表 6-2，快速路路段指引系统设置示例如图 6-8 所示。

表 6-2　路段指引系统的标志构成及设置形式

路段指引	包含标志	设置形式
路名指示	路名标志	路侧单独设置
地点距离预告	地点距离标志	路侧杆件
地点方向专用车道指示	地点方向专用车道标志	路段龙门架

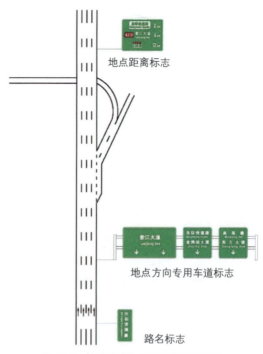

图 6-8　快速路路段指引系统设置示例

1. 路名指示

当快速路主路上需要提示、确认当前行驶的快速路名称时,需要设置路名标志进行路名指示,信息为当前行驶的快速路名称,如图 6-9a 所示。

路名标志应设置在入口匝道与主线交汇的下游适当位置、快速路互通式立体交叉加速车道的渐变段终点。当两个互通式立体交叉间距大于 5km 时,路名标志可在立交间适当距离加密设置。路名标志宜采用单立柱,可采用横向版面或者竖向版面,可根据快速路走向增加地理方位信息,如图 6-9b 所示,也可增加地点的方向信息,如图 6-9c 下方的"中环路方向"所示。

图 6-9　路名标志

2. 地点距离预告

需要对前方将要到达的重要出口、立交、地点等名称和距离进行预告时,可设置地点距离标志。地点距离标志的信息应与上下游的入口指引标志、出口指引标志信息保持协调。一般宜设置三行地点距离信息,地点信息由近及远按自上而下的顺序排列,如图6-10所示。如果指引信息少于两条时,可以不设该标志,直接使用出口预告标志替代,出口预告标志见6.3节相关规定。

图6-10　地点距离标志示意

该标志中信息应选用A层或B层信息,选取方式遵循下列要求:

1)第一行的地点为近目的地,选用经由下游第一个互通式立体交叉(或出口)可到达的目的地信息。当出口间距较小、地点距离标志与下一出口预告标志并设于同一杆件时,宜选择下游第二个出口作为第一行近程目的地,如图6-11所示。

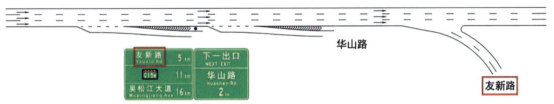

图6-11　地点距离标志与下一出口预告标志合并设置示意

2)第三行的地点为远目的地,应在一定距离内保持相对固定。宜选择绕城环线、快速路终点、重要立交节点等A层信息作为远目的地,当接近该目的地时,再按照类似原则选取下一个A层信息作为新的远程目的地。

3)第二行的地点为中间远目的地,宜选择第一行与第三行之间的最近的其他A层或B层信息。

地点距离标志宜设置于互通式立体交叉加速车道的渐变段终点以后1km以上路段的合适位置处。但如果上下游有两个互通式立交时,应该根据两个立交的间距确定是否设置地点距离标志,遵循以下原则:

1)当互通式立体交叉间距小于或等于2km时,可设置地点距离标志。

2)当间距大于2km且小于或等于10km时,应设置地点距离标志。

3）当间距大于 10km 时，可重复设置地点距离标志。

3. 地点方向专用车道指示

地点方向专用车道指示主要设置在连续分流路段、复杂立交或长距离交织段前，根据交通流量和车道功能，设置地点方向专用车道标志对当前车道所能到达目的地进行告知，如图 6-12 所示。对每条车道可驶向的道路或地点进行指示，每块标志上宜设置一条指路信息，不应超过 2 条。在车道功能发生变化或车道数发生变化时，宜重复设置。同时可配合地面文字标记。

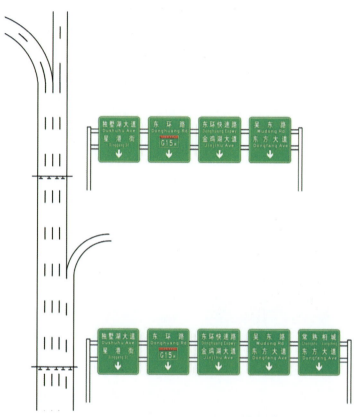

图 6-12　连续分流路段地点方向专用车道标志设置示例

6.2.2　长隧道指引

长隧道与一般道路不同，首先是在功能定位上，一般是作为跨越河流、山脊、铁路等屏障或用于跨区域通道而设置，地理位置具有显著辨识度。由于高度限制，隧道中很难设置大版面标志，设置数量也受到限制。此外，由于隧道内部光线较低，因此标志可视性必须保障。长隧道指引一般包括隧道入口指引以及隧道出口指引。

由于隧道的净空要求，标志的高度和宽度均有所限制，适合采用小版面的标志。

1. 隧道入口指引

如果道路主线直接和隧道相接，不存在车辆分流选择时，只需要对隧道入口处进行告知。隧道入口指引主要包括隧道位置预告、隧道的长度、是否处于养护等信息，当隧道结束后，在较近路段上设置了快速路出口，可在隧道入口指引处提前进行告知，如图6-13所示。

图6-13　隧道入口和下游出口预告

2. 隧道出口指引

隧道内是否要对出口进行指引，要根据隧道长度及隧道段结束处与出口之间的距离决定，具体原则如下。值得注意的是，受版面限制，一般只选取最邻近的出口信息进行指引，信息包含"出口""出口到达的地点信息""距离信息"。

1）当隧道段结束后3km内无快速路出口，隧道内无须指示出口信息。

2）当隧道段结束后2~3km内存在快速路出口，可在隧道内设置3km预告作为此出口的第一级预告。

3）当隧道段结束2km内存在快速路出口，可在隧道内设置2km预告作为此出口的第一级预告。

4）当隧道内部设置有出口，需要对各出口进行指引，包括预告和指示。

标志上的信息宜采用横向排列，避免对净空侵占，如果对多个道路指引，可横向排列，如图6-14所示。由于隧道内光线较差，建议选择高等级的反光膜，有条件可设置发光指路标志，提升标志的可见度，如图6-15所示。

图6-14　隧道内设置的小型指路标志

图 6-15　隧道内设置的发光指路标志

由于隧道内部无法像普通快速路采用大版面标志或重复设置较多的标志加强指引，因此在隧道内部出口前或分流点前，可同步在地面施划文字标记指示道路信息，以起到加强指引的作用，如图 6-16 所示。需要注意的是，地面的文字标记信息与标志信息应保持一致。由于标志版面受限，无法设置过多的信息，而地面可以，所以地面的文字标记一方面作为标志信息的重复，另一方面也是标志信息的补充。

图 6-16　地面文字标记与标志共同指引道路信息

6.3 » 快速路出口指引

出口指引标志系统按照指引顺序包括出口预告、出口指示、下一出口预告三个子系统。

（1）出口预告　对下游出口名称、方向、距离进行预告，使驾驶人可以预知前方出口的位置，安全、顺利地完成驾驶行为。

（2）出口指示　指示快速路当前出口。

（3）下一出口预告　向驾驶人提供快速路下一个出口的名称、方向、距离等相关信息。

出口指引的三个阶段包含多类标志,出口指引阶段标志及设置形式见表6-3。其中出口预告包含出口预告标志、出口编号标志、出口专用车道标志,三者一般并杆共设;出口指示包括出口标志,以及出口地点、方向标志和出口编号标志,出口编号标志可与前两者并设;下一出口预告指示下一出口名称及距离信息,所以下一出口标志应设置在出口下游路段上,由于城市快速路的空间限制,可根据实际情况与出口标志并杆。

表6-3 出口指引阶段标志及设置形式

出口指引阶段	包含标志	设置形式
出口预告	出口预告标志	快速路路侧单独设置
	出口编号标志(选设)	与出口预告标志并杆设置
	出口专用车道标志(选设)	与出口预告标志并杆设置
出口指示	出口标志	快速路出口单独设置
	出口地点、方向标志	分流点处同断面设置
	出口编号标志(选设)	出口标志、出口地点、方向标志并杆设置
下一出口预告	下一出口预告标志	单独或与出口标志共杆设置
	出口编号标志(选设)	与下一出口预告标志合并设置
	出口地点、方向标志	出口的二级分流点处设置

快速路出口指引系统如图6-17所示,首先设置出口预告标志,预告前方出口的距离及信息,在出口起点处设置出口标志告知通过出口所能到达的道路、地点或方向,其信息应与出口预告标志连续、一致。在出口下游或与出口标志共杆设置下一出口预告标志,告知本出口距离下一出口的距离,以及下一出口将要到达的地点信息。如果出口有二级分流点,则在二级分流点处设置出口地点、方向标志,指示不同行驶方向的道路及地点信息。

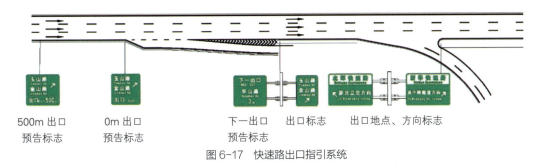

图6-17 快速路出口指引系统

6.3.1 出口预告

通常情况下，出口预告只需要设置出口预告标志即可。但是在城市快速路管理中，由于快速路出口较多，为了便于数字化管理，或因道路设计缺陷需要进行车道级管理时，则可以根据需要，对出口进行编号管理（见 6.3.4 节）和设置出口专用车道标志。

1. 出口预告标志

（1）一般要求　出口预告标志宜选择 1~2 条目的地名称信息，其中一条信息必须与上游设置的"下一出口标志"上信息一致。

条件合适时，快速路出口预告应至少采用 4 级预告，即在距离快速路减速车道的渐变段起点 2km、1km、500m 和 0m 处分别设置出口预告标志，标志样式如图 6-18 所示。其中，0m 处的出口预告标志又称为出口方向标志，本手册统称为 0m 处出口预告标志。当互通式立体交叉出口间距大于或等于 3km 时，宜增设 3km 快速路出口预告标志。

图 6-18　出口预告标志样式

（2）出口设置在左侧　快速路出口一般设置在右侧，当设置在左侧时，需要在标志上对出口方向进行告知，提醒需要驶出的车辆向左变道，如图 6-19 所示。

图 6-19　出口设置在快速路主线左侧

（3）短间距出口预告　城市快速路经常存在出口间距小于 2km 情况，此时无法设置四级预告，需要根据出口间距对出口预告标志进行整合。但是出口预告需要尽可能地加强重复指引，以避免驾驶人错过出口，所以在整合时，要尽量保持多级预告，不宜小于 3 级，具体的设置方法见 6.3.5 节。此外，对于短间距的出口，还可以采取设置地面文字标记、左右两侧设置、增加荧光黄绿外框等方式加强指引，如图 6-20 所示。

a）设置地面文字标记　　　　　　b）左右两侧设置和增加荧光黄绿外框

图 6-20　加强重复指引

2. 出口专用车道标志

出口专用车道又称直出车道，是指未设计减速车道，车辆沿着主线连续不变车道可直接驶出主线到达出口的车道。因此在该车道上，需要设置出口专用车道标志警告驾驶人，特别是需要沿着主线继续通行车辆，及时驶离该条车道。如图 6-21~图 6-22 所示，最外侧的车道直接与出口匝道相接，这条车道就是出口专用车道。

出口专用车道标志的版面为黄底黑字，设置在出口标志正下方，不单独设置。设有出口专用车道时，各级出口预告标志均应设置出口专用车道标志，如图 6-21 所示。条件受限时，至少在 0m 级预告及上一级预告设置。地面车道上可以同步施划"出口车道"字样，表明此车道为出口专用车道。

出口专用车道标志采取文字和箭头结合的方式进行告知，表示指示的当前主线车道为出口车道，沿着车道通行将直接驶离快速路。如图 6-23 所示，当采用向下箭头时，标志应设置在车道正上方；向上箭头表示左侧或右侧方向为出口专用车道。

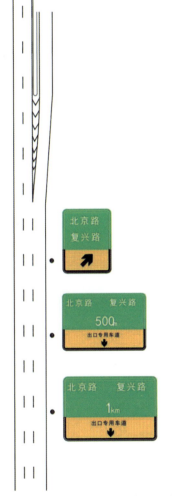

图 6-21　出口专用车道标志设置示例

图6-22　出口专用车道标志设置实例　　　　图6-23　出口专用车道标志样式

6.3.2 出口指示

用于出口指示的标志主要有出口标志和出口地点、方向标志，这两种标志的使用场景有所区别。

1. 出口标志

出口标志是为了告知当前出口所连接的道路或能到达的目的地信息，其信息应与出口预告标志信息保持一致。信息可选取1~2条道路名称。出口标志样式如图6-24所示。当匝道衔接下游路口车道功能非常规设计时，即不是按照从内向外分别为左转、直行、右转的顺序设置时，可结合出口标志进行提前预告，如图6-24b和图6-24c所示。

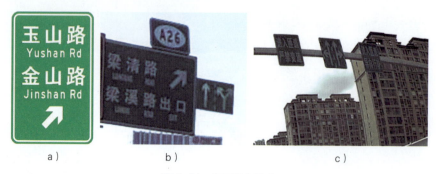

图6-24　出口标志样式

出口标志应设置在快速路出口分流点端部，当符合下列情况时，出口标志宜采用门架形式，设置于出口端部导流标线起点的上方：

1）主路车道数大于或等于4条的立交出口。

2）两条快速路衔接处的主线分流处，如图6-25所示。

3）端部导流标线长度大于50m的出口，如图6-26所示。

图 6-25 两条快速路衔接处,车道数较多

图 6-26 车道数较多,端部导流标线长度大于 50m

2. 出口地点、方向标志

出口匝道存在二级分流,或是出口与两条不同方向的快速路衔接,此时应设置出口地点、方向标志,指示可驶入的快速路道路名称信息及地点方向信息。以图 6-27 为例,左侧标志表示向左是金城快速路的无锡东站方向,右侧标志为向右是南内环快速路的金城隧道方向。

图 6-27 出口地点、方向标志

如果出口车道大于两条且每个车道前往的方向不一样时，可以采用地点方向专用车道设置的方式，即明确每条车道通往的方向，还可以结合地面文字标记进行指引。如图 6-28 所示，出口为 S228，可到达张家港和姑苏区，出口两个车道分别驶向 S228 的两个方向，如图 6-28a 所示；先分车道进行指引，后在出口三角端设置地点、方向标志对两个方向进行指引，如图 6-28b 所示。

a）出口分车道指引　　　　　　　　b）三角端分方向指引

图 6-28　出口多车道指示

6.3.3　下一出口预告

下一出口预告的信息主要包括"下一出口""出口名称"以及距离等信息，下一出口预告标志的版面形式如图 6-29 所示。标志上的信息要与后续的出口预告的信息保持一致。在出口三角端处，如果信息过多容易让驾驶人因识别出口信息产生犹豫，造成安全问题，因此会建议下一出口预告标志采用双悬臂式或门架式支撑结构，设置在当前出口的下游适当位置。如图 6-30 所示，在第一个出口的三角端处设置了第一个出口的出口标志，三角端的下游设置下一出口预告标志。

在城市快速路中，由于出口间距较小，当前出口至下一出口之间还需要设置出口预告等标志，所以下一出口预告标志可与当前出口的出口标志合并设置，如图 6-31 所示。但采取并设时，方向指引要清楚，信息量不应过多。为明显区分当前出口的出口标志和下一出口预告标志，对下一出口预告标志中的"下一出口"可采用反色，即白底绿字，以提升辨识度，如图 6-32 所示。同时，下一出口预告标志也可作为下一出口的第一级预告。

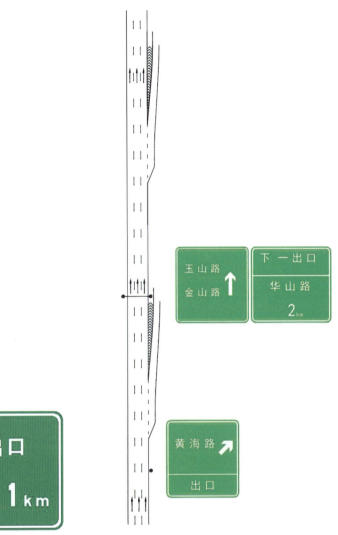

图 6-29 下一出口预告标志的版面形式　　图 6-30 下一出口的下游设置示例

图 6-31 出口标志与下一出口预告标志合并设置　　图 6-32 下一出口预告标志反色设计

6.3.4 出口编号

出口编号标志是将出口按照一定规则进行编号，使每个出口都有一个唯一的出口编号，不仅能让驾驶人通过编号在最短时间内做出唯一性判断，而且也为管理部门对快速路的数字化管理和警情的快速定位等发挥重要作用。目前国内如北京、上海、广州、乌鲁木齐、无锡等很多城市，都在快速路上应用了出口编号，但是出口编号的设置方法尚无统一的标准和规范。本手册结合各地做法以及相关的研究成果，提出了出口编号设置的方法，以供借鉴。

1. 出口编号标志样式

参照国标 GB 5768《道路交通标志和标线》的规定，标志的形状为矩形，内部图形为椭圆形，底板为绿色，图形为白底绿字，编号首字母为黑色，如图 6-33 所示。编号由黑色英文大写字母、绿色数字、绿色英文大写字母组成。黑色字母对应快速路的编号，绿色数字是每条快速路上的每个出口编号，绿色字母为二级分流点的编号。出口编号标志设置在出口预告标志、出口标志、下一出口预告标志顶角处，并根据出口位置设置在标志牌的左上角或右上角。

图 6-33 出口编号编排示意图一

快速路的编号以一个城市对快速路建设先后次序或约定俗成的次序进行编号。出口的编号数字采用阿拉伯数字由小到大排序，但为了区分道路两侧流向，分别以单数和双数的方式，对不同流向进行区分，城市快速路不同流向出口编号表示方式见表 6-4。分流点编号表示同一处的出口数为两个或两个以上，编号从快速路右侧边缘向外依次为 A、B、C……，字高为前边字母或数字的 2/3。

表 6-4 城市快速路不同流向出口编号表示方式

快速路分类/表示方式	单数	双数
环形快速路	顺时针流向	逆时针流向
射线快速路	驶离城市中心	驶入城市中心
南北走向快速路	由南往北流向	由北往南流向
东西走向快速路	由东往西流向	由西往东流向

2. 编排方法

同城市规模所形成的快速路网规模是不一样的，针对不同规模的城市，提出了以下两种编排方法。

（1）只有一条快速路城市　小型城市可能仅建设一条快速路时，出口编号中就不需要加道路编号，而是直接对各出口进行编号，如图 6-34 所示。

图 6-34　出口编号编排示意图二

环形快速路可选择一个有标志性地点的环路横断面作为起始点，内环流向的出口编号以顺时针方向依次递进，外环流向的出口编号以逆时针方向依次递进。如图 6-35 所示，顺时针流向有 A、B……出口，逆时针流向有 A1、B1……出口，对应的编号编排示例见表 6-5。

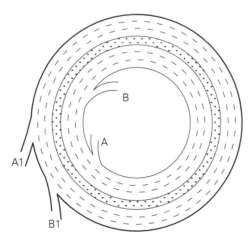

图 6-35　环形快速路示意图

表 6-5　环形快速路出口编号编排示例

顺时针流向出口	编号	逆时针流向出口	编号
A	1	A1	2
B	3	B1	4
……	……	……	……

射线快速路以城市中心为基准点，出城编号依次由城市中心向城市外围递进，进城依次由城市外围向城市中心递进。如图 6-36 所示，驶离城市中心流向有 A、B……出口，驶入城市中心流向有 A1、B1……出口，对应的编号编排示例见表 6-6。

表 6-6 射线快速路出口编号编排示例

驶离城市中心流向出口	编号	驶入城市中心流向出口	编号
A	1	A1	2
B	3	B1	4
……	……	……	……

南北走向快速路以快速路南端为基准点，由南往北流向出口编号由南向北依次递进，由北往南流向出口编号由北向南依次递进。如图 6-37 所示，由南往北有 A、B……出口，由北往南流向有 A1、B1……出口，对应的编号编排示例见表 6-7。东西向快速路的编号原理同此，可以以东端为基准点，由东往西流向出口编号依次由东向西递进，由西往东流向出口编号依次由西向东递进。

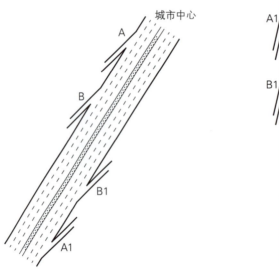

图 6-36 射线快速路示意图　　图 6-37 南北走向快速路示意图

表 6-7 南北走向快速路出口编号编排示例

由南往北流向出口	编号	由北往南流向出口	编号
A	1	A1	2
B	3	B1	4
……	……	……	……

如果在同一处有两个或两个以上出口时，在该出口编号后加分流点编号。如图 6-38 所示，K 出口的编号为 7，则 K1、K2 出口的编号分别为 7A、7B。

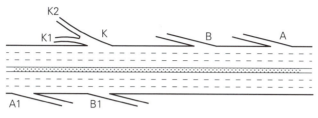

图 6-38　同一出口处有两个出口示意图

（2）有多条快速路城市　对于有多条快速路的中等规模城市，在上述方法基础上，在数字的前面增加快速路的道路编号。道路编号可以以当地对快速路约定俗成的次序或建设先后顺序进行确定，采用字母编排。为避免发生识别误读，建议删除 I、O、Q 这 3 个字母。

如果在一个城市中，建设第一条快速路为环形快速路，则该条道路的道路编号为 A，出口编号编排示例见表 6-8。第二条快速路为射线快速路，道路编号则为 B，出口编号编排示例见表 6-9。

表 6-8　环形快速路出口编号编排示例

顺时针流向出口	编号	逆时针流向出口	编号
A	A01	A1	A02
B	A03	B1	A04
……	……	……	……

表 6-9　射线快速路出口编号编排示例

驶离城市中心流向出口	编号	驶入城市中心流向出口	编号
A	B01	A1	B02
B	B03	B1	B04
……	……	……	……

当两条快速路重合时，重合段出口编号按照快速路的建设时间先后顺序，在先建成的快速路中进行出口编号编排，后建的快速路出口编号跳过重合段。如图 6-39 所示，人民路为先期建设的第一条快速（环）路，胜利路为后期建设的第三条（东西向）快速路，在胜利路修建完成后，形成了 M、N 两个新的出口，MN 段成为两条快速路的重合段。快速路重合路段出口编号编排示例见表 6-10，胜利路后期编排时，将 MN 的重合段出口跳过。

人民路建设完成后，在出口编号编排时，可根据城市道路建设规划，在规划出口处预留出口编号，表 6-10 中 A09、A15 即预留编号。如未预留编号，则可在前一出口编号后加后缀"-1""-2",上述人民路 M、N 点如果未预留,则后期出口编号即 A07-1、A13-1。

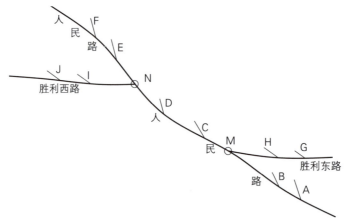

图 6-39 两条快速路相交并线示意图

表 6-10 快速路重合路段出口编号编排示例

人民路出口位置	A	B	M	C	D	N	E	F
出口编号	A05	A07	A09	A11	A13	A15	A17	A19
胜利路出口位置	G	H	M	C	D	N	I	J
出口编号	C15	C17	C19	A11	A13	A15	C21	C23

如果快速路数量超过 23 条,并且有明显的环形加射线特征,或是明显的网格状特征,管理部门希望对快速路特征进行分类管理,可对快速路道路编号按环形、射线、东西走向、南北走向进行分类编排,即黑色的道路编号不再使用英文字母,而是采用数字方式,如图 6-40 所示,快速路道路分类编号编排见表 6-11。

图 6-40 出口编号编排示意图三

表 6-11 快速路道路分类编号编排

快速路分类	分类编号	顺序排列
环形	10 以内	由城中心向外递增
射线	11~30	以正北方向为 11,顺时针递增
东西走向	31~50	由北往南递增
南北走向	51~70	由东往西递增

6.3.5 近距离出口指引

如前面 6.3.1 节所述，快速路出口预告采用 4 级预告，但是在城市快速路中，存在出口间距小于 2km 而无法采用四级预告的情况，因此需要根据出口间距对出口预告标志进行整合，整合的方法如下：

1）当 1km < 出口间距 L < 2km 时，取消 2km 预告标志，改为 3 级预告，如图 6-41 所示，分别为 1km 预告、500m 预告和 0m 预告。

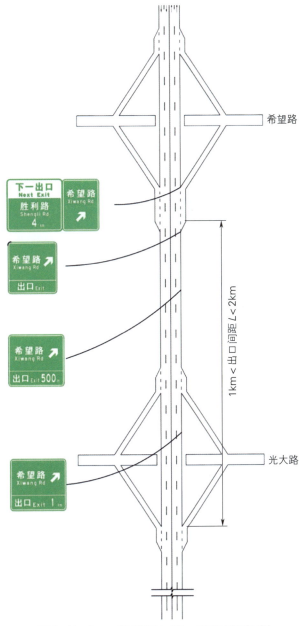

图 6-41　1km< 出口间距 L <2km 时出口指引示例

2）当 500m < 出口间距 L < 1km 时，采用 3 级预告，适当缩短预告标志之间的间距，可分别在 500m、300m 和 0m 处设置相应的预告标志，如图 6-42 所示。

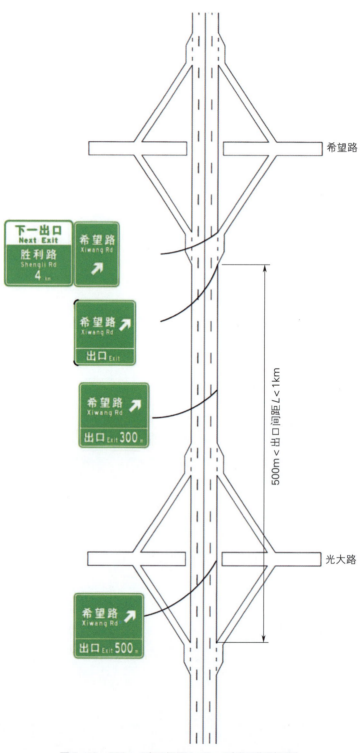

图 6-42　500m< 出口间距 L <1km 时出口指引示例

3）当 200m < 出口间距 L < 500m 时，首先在道路设计中，应避免出现出口间距小于 500m 甚至更小的情况，若存在这种情况，可将两个出口合并为一个出口指示，但是其方向箭头应根据实际通行情况设置，如图 6-43 所示。

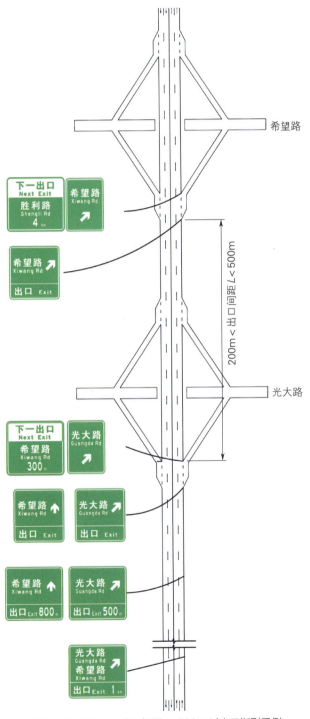

图 6-43　200m <出口间距 L<500m 时出口指引示例

4）当两出口间距小于200m时，存在指示困难、驾驶人反应时间不足等问题，在交通组织上也容易形成拥堵和秩序混乱。此种情形可采用大写英文字母对出口进行编号，分流点按照从左到右的顺序进行编号，出口按照由近到远的顺序编号，如图6-44所示。除了用英文字母编号表示外，也可用地图型标志表示前方出口。

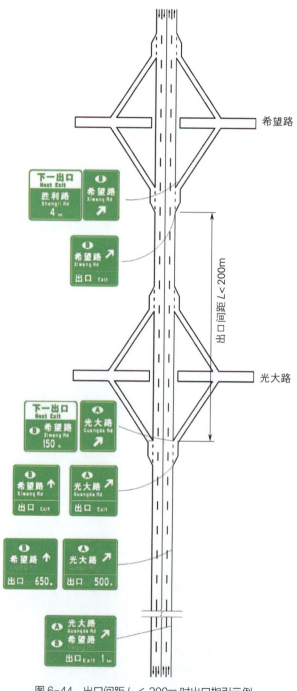

图6-44 出口间距 $L < 200m$ 时出口指引示例

6.3.6 互通式立交出口指引

对于互通式立交出口指引，可在500m或1km的快速路出口预告标志位置处设置地图型预告标志，对立交的形状和主线、匝道走向进行补充告知，让驾驶人对整体路线有感官认识，但图形不能过于复杂。互通式立交上的出口方式主要有两种，一种是左转出口和右转出口都设置在主线上，车辆在主线分流，另一种是左转出口与右转出口设置在匝道上，车辆从主线驶离后，在匝道上进行二级分流，如图6-45所示。下面将以两个案例来说明两种不同类型的互通式立交的出口指引方法。

a）左转出口与右转出口设置在主线　　　　b）左转出口与右转出口设置在匝道

图6-45　地图型预告标志样式

1. 左转出口与右转出口设置在主线

图6-46所示为某互通式立交沿着主线行驶，首先为左转出口，其次为右转出口，两出口相距仅100m。左转可到达广济路（北），且此段为连接火车站北广场的高架，右转可到达广济路（南），此段为地面道路。

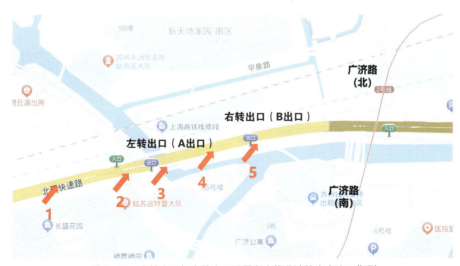

图6-46　左转出口与右转出口设置在主线分流的立交出口指引

标志 1：由于两出口距离较近，为了便于驾驶人的快速识别，对两个出口采用编号的方式进行区别。首先到达的左转出口为 A，其次到达的右转出口为 B。在图 6-47 中，左侧标志采用了地图型标志，展示立交形式，告知了 A、B 两出口的地理关系。右侧又单独设置了两块标志，补充告知了与 A、B 出口的距离和到达信息。右侧增设标志可以在车辆驶离后，在连接道路上进行告知，在此处设置其实增加了识别负担。

标志 2：在左转出口（A 出口）的减速车道 0m 处，设置了 0m 出口预告标志，如图 6-48 所示。

图 6-47　互通式立交出口预告

图 6-48　左转出口的 0m 出口预告标志

标志 3：左转出口（A 出口）的出口指示标志与下游的右转出口（B 出口）预告标志合并设置，如图 6-49 所示。

标志 4：右转出口（B 出口）与地面道路相接，车辆可以通过该出口驶离高架道路，同时考虑两个出口相距较近，为防止驾驶人错过 B 出口，因此在高架路侧上，增设了 B 出口的信息指引，如图 6-50 所示。

图 6-49　左转出口的出口指示标志与下游的右转出口预告标志合并设置

图 6-50　右转出口预告

标志 5：在右转出口（B 出口）的三角端处，设置了出口指示标志，如图 6-51 所示。

图 6-51　右转出口的出口指示标志

2. 左转出口与右转出口设置在匝道

图 6-52 所示为某互通式立交的出口指引，左转出口和右转出口设置在同一匝道上，车辆通过匝道驶离主线后，再在匝道上进行二级分流，分别往左和往右通行。

标志 1：以图形化方式展现互通式立交的指路信息，右转可进入苏福快速路，到达木渎；左转可进入南环快速路，直行可进入友新快速路，到达吴江，如图 6-53 所示。

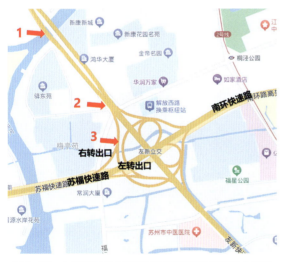

图 6-52　左转出口与右转出口在匝道二级分流的立交出口指引

图 6-53　互通式立交出口信息预告

标志 2：在出口的三角端处，设置了下一出口预告标志与出口标志合并设置，直行下一出口可到达宝带西路，出口可通过匝道进入南环快速路和苏福快速路，如图 6-54 所示。

图 6-54　下一出口预告和出口信息指示

标志 3：匝道二级分流处设置出口地点、方向标志，表示右前方可进入苏福快速路，到达木渎，左前方可进入南环快速路，到达 G15。同时，此处还增加了地面文字标记，辅助识别，如图 6-55~ 图 6-56 所示。

图 6-55　出口地点、方向标志

图 6-56　地面文字标记

城市道路
指路标志设置
设计手册

第三部分

综合应用篇

第 7 章
一般道路典型场景指引实例

Chapter Seven

7.1 » 主干路指引

7.1.1 组团连接主干路指引

台州大道位于台州市椒江城区西侧,是南北向组团间的一条主干道。北侧与台金高速、临海组团相接,南侧与路桥组团相接。台州大道承担城区各片区之间中短距离的交通联系,兼具区域内中长距离出行。该条道路主要承担的功能有:一是承担过境性交通,连接两个组团之间的衔接性道路;二是椒江区进出性交通的主要干道功能;三是为道路两侧地块提供服务。沿线相交道路中黄海公路、市府大道为主干道,白云山西路为次干道。东平路、广场西路虽然为支路,但交通功能突出,采用信号灯控制。

在进行指路标志设计时,主要从 3 个方面进行考虑:一是作为南北向重要过境通道,指路信息应体现过境通道信息指引和远点目的地信息;二是为进出交通提供特殊目的地信息指引;三是考虑沿线交通指引服务需求,提供城市内部指引信息。指路标志版面由到达横向道路信息、到达纵向道路信息、近远点信息、方向标和指向图形构成,其中到达纵向道路信息为当前车辆所在道路信息,放在了指路标志的版面的右上方。此种版面方式信息数量超过了标准的最多信息数量要求,特别是到达纵向道路信息可以由确认标志告知,所以建议版面应当进一步简化。此处以台州大道的黄海公路至市府大道相交段为例,如图 7-1a~b 所示,信息选取考虑如下:

1)台州大道—黄海公路、台州大道—市府大道两交叉口作为进入椒江城区前往路桥组团、临海组团的重要节点,指路标志设计时体现远点目的地信息,在此选择了大方向性的指引。由北向南通行时,远点信息设为路桥,如图 7-1c 的标志 1~5 所示;由南向北通行时,远点信息设为临海,如图 7-1d 的标志 6~10 所示。

2)作为椒江城区的一条主要交通干道,考虑为区域内部中长距离出行提供服务,指路牌上体现重要节点信息，如高铁站、市政府、高速公路等信息。

3）向道路周边地块的交通出行提供指路信息服务，指路标志上应体现前方及周边道路信息，标志中的近点信息以最近的道路信息为主。

北向南指引中，虽然市府大道是 B 层信息，根据选取原则可以作为远点信息，但是考虑到台州大道北侧与临海、S28 台金高速相接，南侧与路桥区连接，是重要的过境通道，因此在远点信息优先考虑 A 层信息，即选取"路桥"片区作为指引。各标志的近点信息中，除了东平路、广场西路为支路外，其他道路均为主次干路，近点信息指引均为下一条道路。

东平路、广场西路虽为支路，但流量大且为信号灯控制，为保证主线交通信息的连续性，此处两路口的标志采用大型版面，直行方向对远点信息进行告知，左右转信息只是指引了近点信息，如图 7-1c 的标志 2、标志 4 及图 7-1d 的标志 7 和标志 9 所示。

a）道路的区位

b）道路标志点位

图 7-1 台州大道标志设置

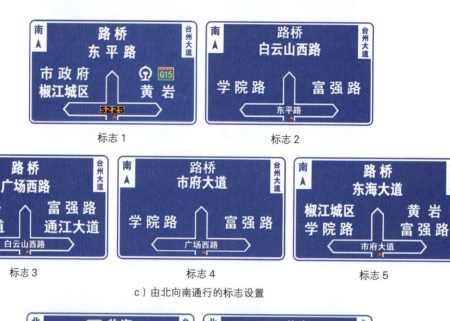

c）由北向南通行的标志设置

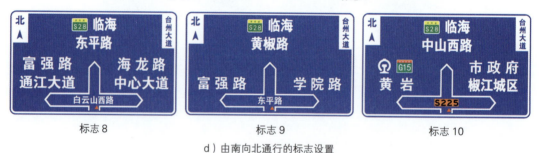

d）由南向北通行的标志设置

图 7-1　台州大道标志设置（续）

7.1.2　跨片区主干路指引

三环北路是湖州一条主要交通干道，西接同心路，东至三环东路，是湖州城区外环线之一，连接城区内部组团，承担过境性交通，是进出城区交通的主干路，同时也为道路两侧地块提供服务。因此，三环北路的指路标志有以下特点：

1）遵循主干道指引规则，远近点信息结合，突显干道交通功能。

2）沿线被交道路等级囊括多种形式，被交道路包含主干路、次干路、支路及立体交叉，可选信息多样化。

3）周边有学校、市行政中心、旅游景点等多个重要地物，因此要将道路指引与人文结合。

在设计的时候，信息版面内容按照相交道路不同等级分 3 个层次进行考虑：一是作为过境性通道，为过境性车辆提供远点目的地信息以及重要的交通枢纽的信息；二是作为进出城通道，为进出性交通提供重要目的地、主干路等信息指示；三是沿线交通出行服务，提供城市内部道路信息。从图 7-2 标志设置来看，同样也存在信息量过载问题。三环北路（同心路至太湖大道）段处于城区内，如图 7-2 所示，设置时遵循以下规定：

a）三环北路区位及标志点位

标志1　　　　　　　　　　　标志2　　　　　　　　　　　标志3

b）由西向东方向标志设置

标志4　　　　　　　　　　标志5

标志6　　　　　　　　　　标志7

c）由东向西方向标志设置

图 7-2　三环北路标志设置

1）三环北路在与主干路相交时，重点体现过境性交通的远程指引、进出城重要目的地信息、内部城市道路信息，包括高速、高铁站、行政中心、主干路等信息。例如青铜路路口处的标志1、标志6。

2）三环北路在与沿线次干路、支路相交时，重点体现进出城的重要目的地、内部道路信息，包括学校、主次干路等。例如次干路长兴路路口处的标志3、标志4，支路德清路路口处的标志2、标志5。

以由西向东方向为例，在标志1中，被交道路青铜路为主干路，是进出城的重要节点。直行前方指引，最近道路德清路虽为支路，但该路口流量大且为灯控，因此近点信息选择此道路。在远点信息选取中，达到选取条件的道路有主干路太湖路（B层）、迎宾大道（为G50高速连接线）（A层），考虑到迎宾大道为由西向东的出城通道，与G50相接，因此远点信息选取"G50"。由于青铜路至太湖路为片区内部，其后的标志2、标志3在信息设置时，更多倾向内部中等距离的指引，因此在其后的标志远点信息中，选用了"太湖路"，近点信息则是选用最近的道路。此种设置方式虽然兼顾了主干路不同路段的功能作用，但问题是标志1中"G50"信息在后续的标志2、标志3中未能出现，这是因为标志2、标志3倾向内部中等距离出行需求，然而这样容易导致驾驶人特别是向高速方向行驶的驾驶人产生疑惑，此时宜通过增设的方式，在往"G50"的沿线途中单独增设一块指引标志，或是使"G50"的信息在标志中不间断地出现，可参考7.4.2中进出城信息指引方式。

7.2 » 次干路指引

仁皇山路西起青铜路，东至太湖路，与二环北路、三环北路平行，是仁皇片区内东西向的一条次干路，如图7-3a所示。仁皇山路主要承担仁皇片区进出性交通功能以及道路两侧地块出入的服务功能。与其相交的主干路有青铜路、太湖路，次干路有长兴路、安吉路，支路有德清路、菱湖路，湖州市政府、湖州大剧院、仁皇山公园等地标性建筑在道路两侧。仁皇山路作为区域性交通次干路，指路标志进行设计的时候，主要从以下方面进行考虑：

1）沿线有湖州市政府、市民服务中心、湖州大剧院、图书馆等重要地标性建筑，因此在指路信息版面中，此类信息要予以指引。

2）作为仁皇片区内部一条交通次干路，仁皇山路为道路周边地块的交通出行提供服务，为内部的中短途重要节点进行指引。

3）考虑到与外围主干路衔接，作为进出片区的一条通道，也应对进出的干路、重要交通枢纽等进行指引。

第 7 章 一般道路典型场景指引实例

a）仁皇山路区位

　　标志 1　　　　　　　　　标志 2　　　　　　　　　标志 3

b）由西向东方向标志设置

　　标志 4　　　　　　　　　标志 5　　　　　　　　　标志 6

c）由东向西方向标志设置

图 7-3　仁皇山路标志设置

仁皇山路指路标志信息遵循上述原则选取，以由东向西方向信息选取为例进行说明：

1）在标志 4 中，被交道路是次干路长兴路，由东向西直行先后到达支路德清路、主干路青铜路，直行前方近点选取 C 层信息"德清路"，远点选取 B 层信息"青铜路"；左转方向近点选取 B 层信息"湖州大剧院"，远点选取 C 层信息"龙王山路"；右转方向近点选取 A 层信息"市政府"，远点选取 B 层信息"三环北路"。

2）在标志 5 中，被交道路是支路德清路，直行前方近点选取 B 层信息"青铜路"，远点选取 B 层信息"仁皇山公园"；左转方向近点选取 C 层信息支路"龙王山路"，远点选取 B 层信息主干路"二环北路";右转方向近点选取 C 层信息次干路"金盖山路",远点选取 B 层信息主干路"三环北路"。

3）在标志 6 中,被交路是主干路青铜路,路口是 T 形信号灯交叉口,左转方向近点选取 C 层信息"龙王山路",远点选取 B 层信息"二环北路";右转方向近端选取 B 层信息"仁皇山公园",远点选取 B 层信息"三环北路"。

本案例中存在一定不足,即告知标志的信息量存在过载问题。指路系统是由不同类型的标志构成的,不同标志发挥了不同的作用,案例中"仁皇山路"信息的作用是要让驾驶人判断所行驶的道路是否正确,应该是确认标志来承担的功能,却放在告知标志上,导致标志的信息过载,应该进一步地补充确认标志,形成完善的道路指引系统。

7.3 » 片区路网指引

7.3.1 商务区支路网指引

市东商务区内部道路均为支路,并实施单行交通组织,所有相交道路均采用让行控制,如图 7-4 所示。该区域的所有道路与四周连接的市府大道、东海大道、广场南路、中心大道等交通性主干路,进出口均采用右进右出控制。从整体来看,区域道路条件有限,各个路口之间的间距较近。

市东商务区存在通勤交通量大、内部停车需求大等情况,指路系统标志设计时需要考虑：一是有效引导进出片区的交通快速驶入或驶离,助力路网交通的快速疏散；二是由于内部实施单行交通组织,需要加强内部道路指引,使车辆快速到达目的地；三是加强内部服务性信息指引,引导车辆快速到达停车场。

区域内部道路采用单行交通组织,且为密路网,所以内部标志采用堆叠型,标志上同时提供道路信息和停车泊位信息,满足内部停车指引。每个标志根据单行道路的通行方向,选用了三组信息,如图 7-4c 的标志 5~12 所示。如亿嘉路—欣荣路交叉口,亿嘉路为西向东单行线,欣荣路为北向南单行线,从图 7-4a 中可以看出,标志 5 设置在路口西进口,该方向车辆只能直行或左转,直行方向分别指引了前方的耀达路、鑫泰街,左转指示东海大道,同时在标志上内嵌 LED 情报板,告知相邻两个交叉口内实时停车情况。

由于内部实施单行组织,所以四个方向不是所有的道路都能够进入片区,主要入口分别为中心大道—亿嘉路、广场南路—天和路、市府大道—欣荣路、东海大道—鑫泰街。在入口处设置商务区的指引标志,如图 7-4b 的标志 1~4 所示,方便驾驶人快速找到商务区入口,避免不必要绕行。

第 7 章 一般道路典型场景指引实例

a）商务区支路网

b）商务区入口指引标志

c）商务区和停车系统综合指引标志

图 7-4 商务区支路网指引标志设置示例

7.3.2 园区内部路网指引

苏州智慧谷是苏州科技城内的一个片区，道路等级及断面形式见表 7-1，区域路网分布如图 7-5 所示。智慧谷是科技城的一个区域，在道路指引系统的设计上，既要考虑与科技城其他区域的一致性，还要考虑片区的特色性。

表 7-1 道路等级及断面形式

序号	路名	道路等级	断面形式	序号	路名	道路等级	断面形式
1	锦峰路	主干路	四块板	9	科明路	支路	一块板
2	玉屏路	主干路	四块板	10	科杰路	支路	一块板
3	青山路	次干路	四块板	11	科鸿路	支路	一块板
4	科普路	次干路	一块板	12	济慈路	支路	一块板
5	景润路	次干路	一块板	13	学森路	支路	一块板
6	光启路	次干路	一块板	14	道远路	支路	一块板
7	科灵路	次干路	一块板	15	稼先路	支路	一块板
8	科秀路	支路	一块板	—	—	—	—

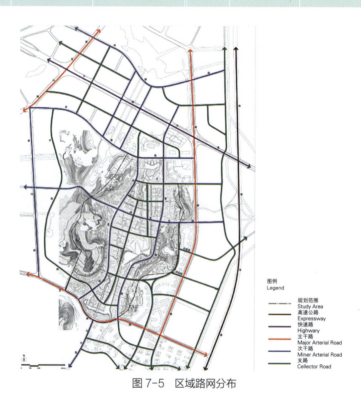

图 7-5 区域路网分布

1. 连接道路的指路系统设计

连接性道路主要是一些主次干路，起到贯穿交通连接作用，需要对周边路网进行预告和告知，这些道路的指路标志应该与科技城外围的道路标志样式一致，其样式如图7-6a所示。这些标志设置在外围道路、衔接性主次干路上，标志分布点位如图7-6b中蓝点和红点所示。

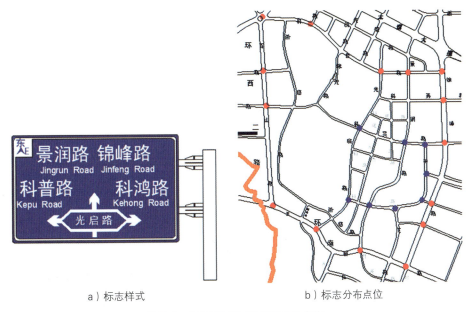

a）标志样式　　　　　　　　　　b）标志分布点位

图 7-6　指路标志样式及标志分布点位

2. 区域内指路系统设计

（1）区域内告知标志　智慧谷片区打造绿色宁静交通，区域内将以慢行交通和公交出行为主，机动车交通将更多为远距离出行。所以区域交通信息服务的对象主要是行人和非机动车驾驶人。基于以上考虑，区域内的指路标志采用图 7-7a 中的小型标志样式，标志分布点位如图 7-7b 所示，主要指示下游将会达到的道路信息，以内部交通信息为主。

a）小型标志样式　　　　　　　　　b）标志分布点位

图 7-7　小型标志样式及标志分布点位

（2）区域内确认标志　区域内部的确认标志采用两种方式，一种是路名牌，另一种是路名标志。

路名牌：南北走向道路采用绿底白字，东西走向采用蓝底白字，其样式如图7-8所示，路名牌信息由当前道路名、方向信息构成，统一设置在路口的出口处。

图7-8　路名牌样式

路名标志：为便于机动车驾驶人确认道路，所以结合信号灯，在信号灯上设置，其样式如图7-9所示。

图7-9　路名标志样式

7.4 ≫ 进出城区指引

7.4.1　经济开发区出入指引

马鞍山市邻近的主要城市有南京、巢湖、常州、芜湖等，经济技术开发区（以下简称"经开区"）位于马鞍山市的南部，其内部路网已成规模，其示意图如图7-10所示。目前，对外通道主路有宁芜高速、常合高速、G205 国道等，进出经开区主干路有采石河路、湖西南路、湖东南路，这些主干路与周边公路网连接。进出交通指引系统的建立目标，一方面是提供相对完善的进出交通指引信息，引导车辆的快速进出，另一方面是通过信息引导，减少穿城交通，缓解局部交通拥堵，改善交通秩序。

在以往的道路指引体系设计中，一般单纯考虑道路的指引，此次设计中要将道路指引服务和交通的管理相结合，在实现方便驾驶人能够便捷找到目的地、减少绕行的基本目标的同时，通过分析路网交通流量分布特征，引导车辆在合适的道路上通行，以调节路网流量，实现交通流的均衡分布，减少穿城交通对区域内部的交通干扰。实现上述目标，一方面要掌握出行者出行信息需求，另一方面要了解区域内部的路网结构和交通运行特征。设计流程如图 7-11 所示。

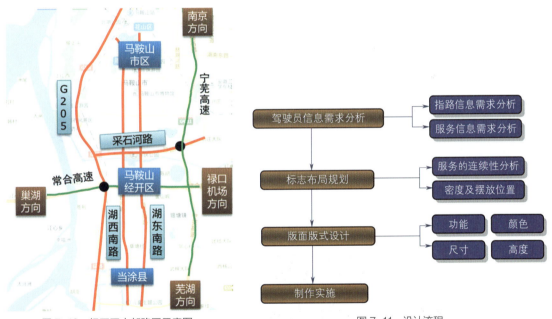

图 7-10　经开区内部路网示意图　　　　图 7-11　设计流程

驾驶人的信息选取是由大逐渐变小，到具体的目的地。特别是进出城的信息需求，首先是要确定大致的方向，然后选择具体的路径。总体来看：进城方向，先要确定目的地大概方向，然后选取通往的公路、高速公路，其次到城市或区域内部道路，再引导到具体的目的地；出城方向的信息选取则相反，首先还是确定目的地大概方位，然后由出发地行驶至城市或区域道路，再转换到公路。根据信息选取方式，将马鞍山市经开区的进出城信息分为三类：

A 层信息：指示经开区的大概方位，设置在高速公路的出口以及公路入城口处。

B 层信息：指示经开区具体方位，设置在进出经开区的主干路上。

129

C层信息：指示具体的目的地信息，引导车辆在片区的道路上行驶，从而到达目的地。C层信息可以单独设置标志，也可以结合沿线指路标志，增加相应信息。

（1）入城方向指引　以到达经济开发区管委会为例对入城方向指引进行说明，如图7-12所示。在临近经开区的高速公路出口和国道交叉口处，设置了A层信息"经济开发区"，告知前往经开区的大体方向。当车辆到达经开区外围时，在进出的主干路上，标志引导车辆沿着主干路驶入经开区，之后在管委会周边的路口对管委会进行指引，一方面在距离管委会远端交叉口的指路标志中，提前增设了预告信息，另一方面在临近路口通过增设标志的方式进行指引。

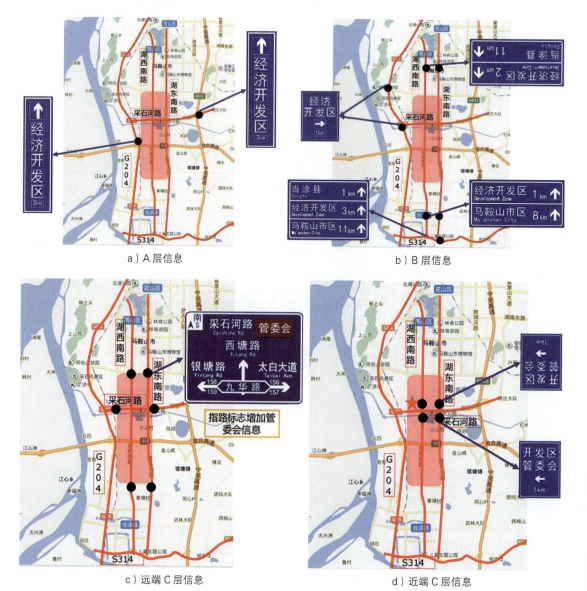

图7-12　入城方向指引示例

（2）出城方向指引　以往南京禄口机场方向为例对出城方向指引进行说明，如图 7-13 所示。前往禄口机场主要通过 S24，进出区域的采石河路西边与 S24 相接，东边与 G42 高速连接。在指引设计的时候，在出发点位置通过告知标志指引车辆驶入采石河路。因考虑到采石河路是连接两条高速的重要通道，因此与湖西南路的交叉口是关键节点，增设了距离方向标志，对不同远点方向进行预告告知，车辆在到达高速入口连接段时，再设置标志对 S24 的方向进行指引。

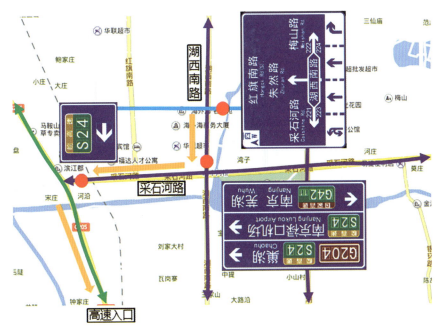

图 7-13　出城方向指引示例

7.4.2　城市外围穿城国道指引

羲皇大道是国道 310 穿越天水市中心区一段，位于天水市中心区外围。西侧与连霍高速、国道 316 相接，东侧与天水麦积区相接，该条道路肩负着公路、城市外围交通主干路的功能：一是要为道路两侧用地交通提供服务，二是要承担过境性公路交通，三是对外联络的重要通道，是高速公路与城区路网的衔接性道路。

在对沿线进行指路系统设计时候，要对三种出行需求进行考虑：一是沿线交通出行服务，需要提供城市内部道路信息；二是作为过境性公路以及重要交通枢纽，需要为过境性车辆提供远点目的地信息；三是作为高速公路与城市内部路网的衔接道路，要为进出城方向提供进出指引。

基于以上考虑，确定了如下设置方法：一是沿线服务，由过境段相交交叉口的指路信息提供；二是过境性公路所提供信息，由沿线路段上设置的距离目的地标志对远点信息指引；三是与连霍高速相接的进出城交通指引，由西侧连接段的部分沿线路口的标志上远点信息进行指示。

根据羲皇大道各路段的交通功能，考虑羲皇大道与瀛池路（即国道316段，简称为天水郡路口）为进入天水城区的节点，因此此处作为分界线，将羲皇大道划分为两个部分：一段是连霍高速至天水郡路口，为与高速公路、城市路网的衔接段；一段是天水郡路口至七里墩路口为过境段，兼具公路和城市道路双重功能，如图7-14所示。

1）连霍高速至天水郡路口，信息设置应满足进出城指引需求。

进城方向：在高速公路出口处，设置标志牌告知城区方向，如图7-14b中标志1所示。天水郡路口是公路分流点，也是与城市路网衔接点，所以此处指路信息，既要对城市内部路网进行告知，也要对远点信息进行预告。因此该处标志中，近点信息对下一主干路进行预告，如图7-14b中标志2所示，近点信息为"双桥路""成纪大道"，远点信息对前方所能达到的目的地进行预告，即"麦积""秦安"。

出城方向：出城车辆主要是来自城区北边和东边，因此在天水郡路口需要对高速公路入口以及普通公路通往的目的地等信息进行预告，如图7-4b的标志3、标志4所示；在连霍高速至天水郡之间的路段上，设置高速公路的入口预告标志，对高速入口进行连续指引，如图7-4b的标志5、标志6所示。

2）天水郡路口至七里墩路口，要考虑城市交通和公路过境交通的双重交通需求，在信息指引的时候，分为两个层次设计。

一是为服务城市交通出行需求，其指路信息由各个交叉口的指路标志进行指引，按照主干路的区域内通行设置方式进行设置，设置位置见图中沿线双桥路口、大众路口、迎宾桥路口、七里墩路口，信息如图7-14的标志7至标志18所示。需要关注的是七里墩路口，该路口也是进出城一个重要节点，并与公路、高速公路相接，因此进城方向上，近点信息为下游连接的城市主干路，远点信息为西边衔接的高速公路。西侧还连接了公路，受到标牌信息量和版面尺寸限制，因此在其下方增加了标志牌，补充公路连接信息指引，如图7-14的标志18所示；出城方向则是以远目的地信息指引为主，如图7-14的标志16~17所示。

二是为解决过境交通信息指引的需求，通过沿线设置地点距离标志，对高速公路及远点信息进行指引，由西向东的信息如图7-14g的标志19~20所示，由东向西的信息如图7-14g的标志21~22所示。一方面解决了沿线路口标志受到版面限制无法同时告知过境信息和城市信息的问题，避免了信息遗漏，另一方面与如七里墩路口、天水郡路口、双桥路口等部分路口远点信息保持连续，构成过境交通指引。

第 7 章 一般道路典型场景指引实例

a）区域路网

标志 1

标志 2

标志 3

标志 4

标志 5

标志 6

b）连霍高速至天水郡路口标志设置

标志 7

标志 8

标志 9

c）天水郡路口至七里墩路口标志设置（双桥路口）

图 7-14 国道 310 穿城段的标志设置示例

133

标志 10　　　　　　　　　　标志 11　　　　　　　　　　标志 12

d）天水郡路口至七里墩路口标志设置（大众路口）

标志 13　　　　　　　　　　标志 14　　　　　　　　　　标志 15

e）天水郡路口至七里墩路口标志设置（迎宾桥路口）

标志 16　　　　　　　　　　标志 17　　　　　　　　　　标志 18

f）天水郡路口至七里墩路口标志设置（七里墩路口）

标志 19、20　　　　　　　　标志 21、22

g）沿线远点信息指引

图 7-14　国道 310 穿城段的标志设置示例（续）

7.5 » 特殊交叉口指引

7.5.1 五路交叉口的指引

南门路—环城西路交叉口是环城西路、南二街、南门路形成的五路平面交叉，如图 7-15 所示。南门路南段为主干路，北段为次干路；环城西路为主干路；南二街为支路。主流向为环城西路至南门路的南北流量，设置渠化岛对南二街（东段）实施右进右出控制，将路口调整为由环城西路、南门路、南二街（西段）构成的近似十字的交叉口。

主路方向标志采用地图型指路标志，版面中路口形状根据标志所在位置进行设计，如图 7-15 的标志 1~4 所示。由于路口复杂，为便于驾驶人观察，版面尽可能简洁，所以将横向相交道路信息、所在道路信息以及汉语拼音等均省去，仅以指示前方到达的道路名称信息为预告。该交叉口是重要节点，相交道路均为主干路，所以采用近远点信息预告。为避免驾驶人识别错误，在各出口信号灯杆上附设了确认标志，如图 7-15 的标志 8 所示。

南门路南段向北段通行较为复杂，指引方式如下：一是南门路由南向北通道在渠化岛内侧，进口直行方向实际是往环城西路，为避免驾驶人走错，在渠化岛端头设置了一块向左右指引的标志（标志 7），指引信息和标志 4 基本保持一致；二是南二街（东段）实施了右进右出控制，该路段为支路，因此按照支路标志设置原则，信息仅对相交南门路进行告知。由于要进入南二街（东段）仅能通过南门路（南段）进入，因此提前设置标志 5，对南二街（东段）进行指引。

a）区位图

图 7-15　南门路—环城西路交叉口标志设置示例

b）路口渠化图

标志 1　　　　　　　　标志 2

标志 3　　　　　　　　标志 4

标志 5　　　标志 6　　　　　标志 7

标志 8

c）标志设置

图 7-15　南门路—环城西路交叉口标志设置示例（续）

7.5.2 六路交叉口的指引

世纪大道—东方路交叉口是浦东地区具有重要交通功能的交叉口。相交的三条道路均为主干路，分别直通延安东路隧道、复兴东路隧道和大连路隧道，且可通过周边路网到达人民路隧道和延安东路隧道，服务周边交通的同时，更多服务于远距离通过性交通，如图 7-16 所示。东方路直行方向采用下穿方式，但地面辅道仍然可以通往其他方向。为降低该路口复杂度，各进口道均禁止左转，东方路南进口道禁止右转，交叉口各方向交通流向如图 7-17 所示。

图 7-16 世纪大道—东方路交叉口区位

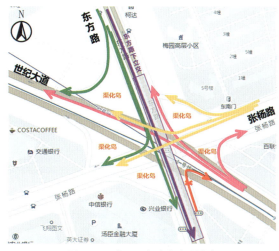

图 7-17 交叉口各方向交通流向

本交叉口告知标志采用地图形式体现交叉口形状。由于实施禁左措施，因此将禁令标志设计在版面中。考虑到三条道路通过功能性强，选取过江隧道作为远点指引。下面以世纪大道南至张杨路、东方路南段直行进口的标志设置为例进行说明。

1. 世纪大道南至张杨路方向

该方向的标志设置如图 7-18 所示。结合通过性交通的需求以及周边所连接重要交通节点，在距离世纪大道南进口道停车线 200m 处，设置远点信息的预告标志，主要对通过交叉口可通达的过江隧道信息预告，如图 7-18b 的标志 1 所示。

在进口道距离停车线 70m 处，设置告知标志，以近点信息告知为主，并且以地图方式展示交叉口形状，同时在标志中增设了禁左标志，如图 7-18b 的标志 2 所示。

由于右转进入张杨路的通道在渠化岛内侧，为防止右转车辆错过，在渠化岛上增设了标志，用于指引右转车辆通行，如图 7-18b 的标志 3 所示。同时在张杨路的出口处增设了一块确认标志，如图 7-18b 的标志 4 所示。此处确认标志信息采用了下一条可以到达的道路信息即"源深路"，这是为了与标志 2 信息保持连续。

a）标志位置

标志 1

标志 3

标志 4

b）标志设置

图 7-18 世纪大道南至张杨路方向的标志设置

2. 东方路南段直行进口方向

该方向的标志设置如图7-19所示。东方路的南北直行采用了下穿，所以在隧道入口前方设置标志，对隧道方向和辅道方向所能达到的信息分开指引，如图7-19b的标志5所示。隧道方向主要对远点隧道、主干路进行预告，辅道方向主要对辅道前方会到达的近远点信息进行告知。

在进口道的停止线前方75m处设置交叉口告知标志，沿用了地图展示方式，如图7-19b的标志6所示。在进口道信号灯杆上，将横向确认标志和禁止右转标志一同设置，告知车辆相交道路的信息并告知禁止右转进入，引导车辆从张杨路通行，如图7-19b的标志7所示。

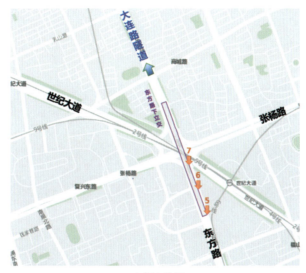

a）标志位置

标志5

标志6

标志7

b）标志设置

图7-19 东方路南段直行进口方向的标志设置

该交叉口为六路交叉，加之交通管控措施实施，导致交叉口的复杂度较高。但是通过标志合理设置，引导车辆有序通行，如标志 1、标志 2 通过分别设置近远点信息，满足了不同出行需求；出口设置确认标志给驾驶人判断方向带来便利。但是还存在一定优化提升空间：标志 1 与标志 2 的信息完全不同，信息突然中断会给驾驶人带来困惑，标志 1 可增加部分近点信息，标志 2 中可选择性增加部分远点信息，这样两块标志保证了信息连续性；在标志 6 中的世纪大道方向可以考虑增加禁止右转的标志，提前进行预告；由于东方路南进口实施了禁右，车辆无法右转进入世纪大道，但是所设置的确认标志（标志 7）信息为"世纪大道"，容易让驾驶人疑惑到底能否右转进入，如果改为"源深路"不仅消除驾驶人疑惑，同时也与标志 6 信息呼应。

7.5.3 一条道路两个路名的交叉口指引

对于外环北路—白莲花路—二环北路交叉口，北段道路名称为白莲花路，南段道路名称为外环北路，同一道路两个不同名称，给信息选取带来了挑战，如图 7-20 所示。针对同一道路不同路段有不同名称的情况，当地的交通部门确定了信息选取原则：

1）当前交叉口的指路标志中，标志牌上的箭头框中的直行方向选用对向路名，相交道路显示两个路名。如图 7-20c 的标志 5 所示，此标志设置在北进口，对向路段的名称为外环北路，所以在箭头框内直行方向信息为"外环北路"；标志 7 在南进口，对向路段的名称为白莲花路，箭头框内直行方向信息为"白莲花路"；标志 4、标志 6 的箭头框的横向相交道路，显示了两个路段的名称。

2）上下游路口指路标志的信息选取中，直行方向采用指右原则，即采用前方右侧道路路名；左右转的信息选用前方道路的对向道路名称。如图 7-20b 中的标志 1 所示，此标志位于上游太湖路—二环北路的西进口，车辆由西往东行，直行近点信息为"白莲花路"或者"外环北路"，按照指右原则，外环北路在车辆行驶方向的右侧，因此标志 1 的直行方向信息为"外环北路"；同样，学士路—二环北路的标志 9 在东进口，按照指右原则，白莲花路在行驶方向右侧，所以直行方向选用了"白莲花路"。再看标志 3，标志 3 位于太湖路—二环北路的南进口，车辆右转后会到达白莲花路（外环北路），按照转弯指引对向道路原则，对向道路名称为白莲花路，所以标志 3 的右转指引信息为"白莲花路"。同理，标志 2 的左转、标志 8 的右转指示为"外环北路"，标志 10 的左转指示为"白莲花路"。

第 7 章 一般道路典型场景指引实例

a）区位图

标志 1　　　　　　　　　　　　标志 2

标志 3

b）太湖路—二环北路标志设置

标志 4　　　　　　　　　　　　标志 5

标志 6　　　　　　　　　　　　标志 7

c）外环北路—白莲花路—二环北路交叉口标志设置

图 7-20　外环北路—白莲花路—二环北路标志设置示例

标志 8

标志 9

标志 10

d）二环北路—学士路交叉口标志设置

图 7-20　外环北路—白莲花路—二环北路标志设置示例（续）

当地的指路标志的版面信息含义如图 7-21 所示，版面构成较为复杂，其箭头框内直行指示为当前所在道路，横向为相交道路，箭头框外的道路为将会到达的道路。所在道路方向的信息可以由确认标志提供，该信息可以删除；另外相交道路为同一条道路时，信息不需要左右重复设置，如果信息不一样可以分开标出。

图 7-21　指路标志的版面信息含义

7.5.4　桥梁上下桥指引

秀洲大桥桥下为中山路与三环西路（G320）交接处。中山路为城市主干路，是连接 G1522 高速及嘉兴市区的主要道路，位于市区东侧，G1522 位于市区西侧。三环西路（G320）为一级公路，是嘉兴市通往杭州及上海的主要道路，也是进入城区的交通通道。秀洲大桥桥下有涵洞，涵洞由北向南单行，同时南匝道处禁止右转。该路口的交通组织较为复杂，秀洲大桥区域交通流线示意图如图 7-22 所示，所以三环西路（G320）上的信息指引最为复杂，要考虑到市区指引，还要考虑所承担的公路功能，因此在三环西路的信息指引上，将两者做了兼顾。此次主要对三环西路的指引进行说明，如图 7-23 所示。

第 7 章 一般道路典型场景指引实例

a）由北向南交通流线

b）由南向北交通流线

图 7-22 秀洲大桥区域交通流线示意图

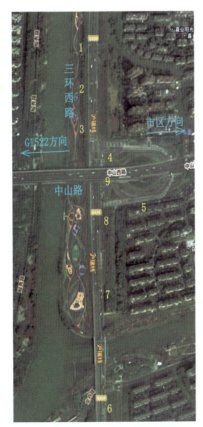

标志 1

标志 2

标志 3

图 7-23 秀洲大桥区域指路标志设置示意图

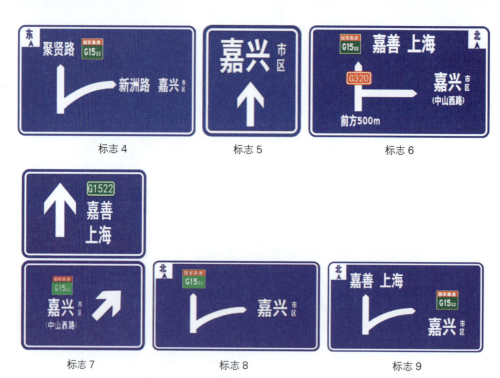

图 7-23　秀洲大桥区域指路标志设置示意图（续）

1. 由北向南

从其承担的公路过境功能来看，往南直行能够远到杭州，近到桐乡。在标志1、标志2、标志3中，远点信息为"杭州"，近点信息为"桐乡"。

嘉兴市区、G1522高速分别位于三环西路的东西两侧，但车辆需要左转进入北匝道然后再分流，为防止驾驶人错过匝道，在距离秀洲大桥500m、300m处分别设置了预告标志，对往嘉兴市区、G1522高速方向信息进行预告，见标志1、标志2。

车辆驶入匝道后，进入嘉兴市区的车辆必须经过涵洞由南匝道才能进入，往G1522高速的车辆，直接从北匝道驶入，所以需要在涵洞处进行分流指引，设置了标志4分方向指引。考虑到市区、G1522高速为远点信息，驾驶人不容易判断所行驶的方向是否正确，在标志版面上增设了下游最近的"新洲路"和"聚贤路"为近点信息，不仅补充了版面信息，也便于驾驶人判断行驶方向是否正确。此外在车辆经过涵洞后，在南匝道处增设了标志5，再一次用于方向确认。

2. 由南向北

由南向北的道路断面发生了改变，采用辅道的方式引导要进入市区和往G1522高速的车辆提前从主线分流出来，所以标志指引方式与由北向南的指引有所区别。

首先同样从公路的过境功能上，由南向北标志的直行方向上，指引了"上海"和"嘉善"两个信息，也同样在 500m 处设置了预告标志，如图 7-23 的标志 6 所示。但标志 7 处为主线和辅道的分流点，所以标志的版面形式发生了改变，采用了出口指引标志的形式，用了两块标志，分别对直行和右转的方向进行了指引。

标志 8 处为南匝道与辅道的衔接位置，向右通过南匝道进入嘉兴市区，而往 G1522 高速车辆需要继续直行至北匝道，在与三环西路交叉口处右转进入北匝道，因此标志 8 的直行，以及设置在北匝道与三环西路交叉口处的标志 9 上右转信息均显示了"G1522"，与标志 6 构成了连续指引，如图 7-23 所示。

考虑到容错性，防止进入市区车辆在南匝道处错过匝道入口，在标志 9 的右转中又增设了"嘉兴市区"的信息，可以引导错过的车辆通过涵洞绕行再次进入南匝道，如图 7-23 所示。

第 8 章
快速路典型场景指引实例

Chapter Eight

8.1 » 快速路入口及出口指引

二环北路位于湖州市区北部,西起七里亭路,东至三环东路,途经西塞山路、杭长桥路、轻纺路、龙溪北路、青铜路、体育场路、二环东路、朱洪南路、大升路等主要道路,沿线跨越龙溪港、新塘港、大钱港三处航道,全长约 9.71km。二环北路与外环北路—白莲花路相交路口区位如图 8-1 所示。二环北路连接市西南片区与北片区,是城市环线快速路的重要组成部分。与其相交外环北路(白莲花路)为南北走向道路,道路北边连接三环北路,是环线之间的重要连接道路。

图 8-1 二环北路与外环北路—白莲花路相交路口区位

8.1.1 入口指引

下述案例为二环北快速路与白莲花路交叉口这一节点处对于快速路入口的指引，包含入口预告和入口指示。在该交叉口附近，二环北快速路上有两处入口，如图8-2所示，一个位于交叉口东侧，往"三环东路方向"；一个位于交叉口西侧，往"苏家庄立交方向"。

图 8-2　二环北快速路入口位置

该节点处入口预告有两处：一处是快速路所在地面道路平行方向设置了入口预告，主要内容包含目的地名称信息、方向信息、距离信息；另一处是在与快速路垂直方向相交道路，靠近交叉口适当位置设置了入口预告标志，所含信息与上述相同。二环北快速路入口指引标志设置位置如图8-3所示，快速路入口指引标志内容如图8-4所示。

图 8-3　二环北快速路入口指引标志设置位置

147

标志1

标志2

标志3

标志4

标志5

图8-4 快速路入口指引标志内容

标志6　　　　　　　　标志7

图8-4　快速路入口指引标志内容（续）

1. 入口预告

（1）与快速路平行方向

1)"三环东路方向"入口预告。白莲花路—外环北路距离东侧"三环东路方向"入口约430m，在衔接路口的进口前设置一级预告，考虑到与进口指路标志相距较近，同杆并设，并在下游出口前再设置一级预告。

标志1：与衔接交叉口西进口指路标志同杆并设，考虑到版面尺寸限制，仅指示快速路名称和距离、方向信息。

标志2：快速路向东可达三环东路，且经由三环东路再向北可达G50高速，因而将其作为远点信息进行预告，设置在距离入口约200m处的位置。

2)"苏家庄立交方向"入口预告。

标志4：快速路向西可达二环西路，且由二环西路、二环北路、G104国道相交而成的苏家庄立交是进出湖州城区的关键节点，也是交通量转换比较大的重要枢纽节点，因而将其作为远点信息进行预告。

（2）与快速路垂直方向

1）标志6：在衔接交叉口南进口提前设置入口预告标志，指示右转500m可进入二环快速路，远点方向为三环东路方向，左转600m可进入二环北快速路，远点方向为苏家庄立交方向。

2）标志7：在衔接交叉口南进口提前设置入口预告标志，指示右转600m可进入二环快速路，远点方向为苏家庄立交方向，左转500m可进入二环北快速路，远点方向为三环东路方向。

2. 入口指示

标志3：设置在"三环东路方向"入口处，指示向左可进入二环北快速路，并可到达三环东路和 G50，按照原行驶方向继续直行，在地面道路上可到达四中路和华丰二路。同时在入口处设置相关禁令信息。

标志 5：设置在"苏家庄立交方向"入口处，指示向左可进入二环快速路，并可到达三环西路和 G50，按照原行驶方向直行可到达太湖路和体育场路。同时在入口处设置相关禁令信息。

8.1.2 出口指引

二环北快速路自西向东出口分别为太湖路出口、外环北路出口，自东向西出口分别为学士路出口、白莲花路出口，出口位置分布如图 8-5 所示，出口按"出口预告→出口指示与下一出口预告"顺序进行指引。

图 8-5　二环北快速路出口位置分布

1. 西向东出口指引

以外环北路出口的指引为例，如图 8-6~ 图 8-7 所示。

（1）出口预告　由于外环北路出口距离上游太湖路出口约为 850m，小于 2km，因此采用三级预告。

标志 1：为太湖路出口指示标志与下一出口标志（外环北路出口）并设的标志，左侧的下一出口标志作为外环北路出口的第一级预告。标志信息包含下游的外环北路出口及距离信息。

标志 3：为外环北路出口的第二级预告，即 500m 预告。

标志 5：为外环北路出口的第三级预告，即 0m 预告。

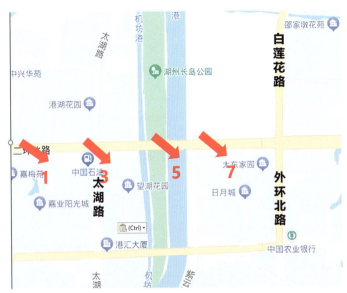

图 8-6 二环北快速路外环北路出口指引标志设置位置

图 8-7 二环北快速路外环北路出口指引标志示例

（2）出口指示与下一出口预告

标志 7：为外环北路的出口指示标志与下一出口标志并设，设置在出口三角端的两侧，指示当前出口和预告下一出口信息。

2. 东向西出口指引

以白莲花路出口的指引为例，如图 8-8～图 8-9 所示。

图 8-8　二环北快速路白莲花路出口指引标志设置位置

图 8-9　二环北快速路白莲花出口指引标志示例

（1）出口预告　白莲花路出口与上游学士路出口距离约为 1.2km，小于 2km，因此采用三级预告。

标志 2：为学士路出口指示标志与下一出口标志（白莲花路出口）并设标志，左侧的下一出口标志作为白莲花路出口的第一级预告。

标志 4：为白莲花路出口的第二级预告，即 500m 预告。

标志 6：为白莲花路出口的第三级预告，即 0m 预告。

（2）出口指示与下一出口预告

标志 8：为白莲花路出口指示标志与下一出口（太湖路）预告标志并设，设置在设置在出口分岔点两侧，指示当前出口，预告下一出口道路信息。

8.2 快速路网衔接指引

8.2.1 环线快速路与射线快速路衔接分流指引

1. 设置方法和原则

当环线快速路与射线快速路衔接时，在指引上要区别于一般的出口指引，需要对环线路名及地点信息和射线路名及地点信息同时指引。在设置上主要遵循以下原则：

1）在减速车道渐变点前预告方向和地点信息。
2）在减速车道开始处以地点方向专用车道指示指路信息。
3）在减速车道结束处再次设置地点方向专用车道指示指路信息。
4）在分岔处设置地点、方向标志指示指路信息。

2. 案例解析

（1）案例背景　中环线是上海市城市快速路网三环十射中的一环，位于内环线和外环高速之间，主要串联城市副中心，并起到中心城交通"保护壳"的作用。华夏高架路为中环线南段东延伸，东接浦东机场。度假区高架路是上海市迪士尼度假区的配套工程之一，北起中环线，南至迪士尼度假区。

申江路立交位于中环线东南转角处，为中环路、华夏高架路、度假区高架路3条快速路相交处，是具备重要转换功能的城市枢纽型互通式立交，如图8-10所示。下面以上海市中环路—华夏高架路—度假区高架路西段的设置为例，说明环线快速与射线快速衔接指引。

图8-10　申江路立交区位及路线信息

华夏高架路为中环线南段东延伸，东接浦东机场，因此立交东西向主要承担虹桥枢纽、上海市中心城区与浦东机场的交通联系，立交东段射线交通功能显著。度假区高架路为沟通迪士尼度假区与上海市中心城区的快速通道。立交西北向为中环环线方向，承担浦东新区三林、张江、金桥等片区之间的交通联系。东西向直行、南北向直行、西北往中环路方向，均为立交的主要流向。东北向、西南向、东南向等其他流向为立交的次要流向。申江路立交各方向的连接信息如图8-11所示。

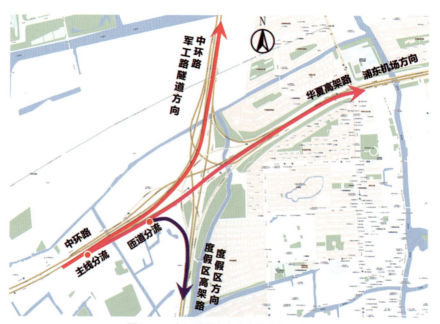

图8-11 申江路立交各方向的连接信息

（2）设置思路

1）多级出口预告体系。进行五级预告，距离减速车道渐变段起点2km、1km、800m、500m和0m处分别设置相应的出口预告标志。

2）采用地图型指路标志预告立交形式。地图型指路标志采用可变信息标志形式，提供下游匝道和路段的实时交通信息，便于出行者提前选择合适的车道。

3）分级指引。西向东方向将中环路南段转向中环路东段的转向交通作为主线方向进行指引，将往华夏高架路方向与度假区高架路方向先共同按主线分流进行指引。主线分流后，在匝道上再次分流，将度假区高架路方向作为出口匝道方向进行指引。由于主线分流后，短距离内需在匝道上二级分流，因此将主线分流处出口指引标志与车道指示标志结合设计，提前引导车辆分流，以减少车辆交织。

（3）设置标志解析 申江路立交西段指路标志设置点位分布如图8-12所示。

第 8 章 快速路典型场景指引实例

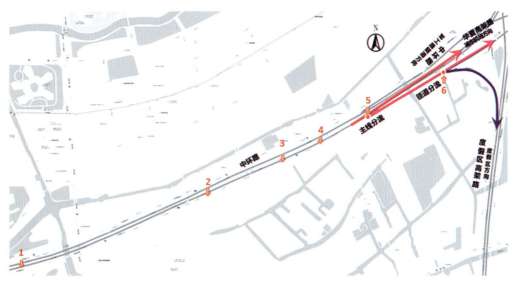

图 8-12 申江路立交西段指路标志设置点位分布

1）标志 1：2km 预告。标志 1 为设置在距离主线分流减速车道渐变段起点 2km 处的出口预告标志，采用地图型指路形式，并在右侧的立柱上，增设标志提示靠右行驶前往上海国际旅游度假区和 S20 外环方向，如图 8-13 所示。采用地图型标志，驾驶人既可以理解道路交叉形式，又可以理解道路及地点信息，因为立柱上增设了标志加强指引，所以标志中的信息个数可以减少，降低识别难度。

图 8-13 2km 预告（标志 1）

2）标志 2：1km 预告。标志 2 为设置在距离主线分流减速车道渐变段起点 1km 处的出口预告标志，版面形式与标志 1 保持一致。在同一断面上还设置了可变信息标志，实时展示路网交通运行情况，如图 8-14 所示。但同一断面上信息量过大，且可变信息标志上信息过于复杂，阅读困难，建议仅指示主要交通通道上的路况。

图 8-14　1km 预告（标志 2）

3）标志 3、标志 4：800m 预告、500m 预告。标志 3 为设置在距离主线分流减速车道渐变段起点 800m 处的出口预告标志，考虑到前方将分流，为便于车辆提前分流，将预告信息与车道、方向指引进行了结合，采取龙门架结构形式，如图 8-15 所示。标志 4 为设置在距离主线分流减速车道渐变段起点 500m 处的出口预告标志，版面形式和指示内容与标志 3 保持一致，如图 8-16 所示。

图 8-15　800m 预告（标志 3）

图 8-16　500m 预告（标志 4）

标志 3、标志 4 的左侧 3 个标志为地点方向专用车道标志，表示可到达军工路隧道。右侧为两块地点方向标志，表示前方靠右可到达华夏高架路（浦东机场方向）和度假区高架路（度假区方向）出口。

4）标志 5：分流处指示。标志 5 为设置在主线分流端部的地点、方向标志及下一出口预告标志，如图 8-17 所示。左侧第一块标志表示向前可到达中环路和军工路隧道方向，第二块标志表示下一出口预告。右侧两块标志为地点方向专用车道标志，由于主线分流后，短距离内需在匝道上进行二级分流，因此将两个方向的指路信息并排设置，引导前往华夏高架路（浦东机场方向）和度假区高架路（度假区方向）的车辆提前分流，减少车辆交织。

图 8-17　分流处指示（标志 5）

5）标志 6：二级分流指引。标志 6 为设置在二级分流端的出口地点、方向指引标志，信息与上游标志 5 一致，如图 8-18 所示。

图 8-18　二级分流指引（标志 6）

8.2.2 射线快速路与环线快速路转接指引

1. 设置方法和原则

当射线快速路作为连接城市环线快速路的连接通道时,其承担的流量较大,交通功能显著,应将环线快速路作为出口指引。

当快速路流量较大的时候,出口指引旨在提前将驶出车辆分离,以减少交织干扰,尤其是在车道数较多、主要流向流量很大的情况下,能够最大限度减少车道变换及跨越多车道的情况发生,可以有效提升快速路运行效率。此种情况下,除了应完整设置出口四级预告及出口指示,还需要增设地点方向专用车道标志,并配合道路标线。

2. 案例解析

(1)案例背景 沪闵高架路位于上海市西南区域,呈西南向东北走向,是城市快速路网的射线道路之一,连接内环、中环及外环三条快速路环线,是中心城区与闵行、松江等区域的主要交通走廊,在上海市西南地区交通路网中具有重要的地位和作用,如图8-19所示。沪闵高架路直行交通量、在立交处的转向交通量均较大,路段车流交织现象严重。下面以上海虹梅高架路立交闵行高架路西段转至中环快速路(西段)出口的标志设置实例进行说明。直行往徐家汇方向,与内环高架路相接;通过匝道与中环路相接,往右为中环

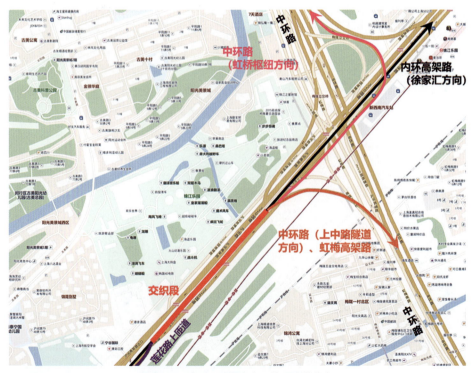

图8-19 中环—沪闵立交区位及路线信息

路（上中路隧道方向）和虹梅高架路，往左为中环路（虹桥枢纽方向）。

（2）设置思路

1）采用多级预告。距离减速车道渐变段起点 2km、1km、700m、500m 和 0m 处分别设置相应的出口预告标志。

2）采用图形化指路形式。标志采用 LED 屏形式，展示路网信息，提供下游实时交通信息，便于出行者提前选择合适车道。

3）适当设置地点方向专用车道标志。枢纽立交出口车道数多，车辆驶往不同方向，导致交织严重。单纯依靠出口预告标志指引车辆会出现方向信息量不足，无法满足各方向车辆需要，因此在快速路段设置地点方向专用车道指路标志可提供更多的信息，提前引导车辆分车道通行，规范车辆行驶方向，减少交织。

4）出口合并指引。先将中环路北向（虹桥枢纽方向）、中环路南向（上中路隧道方向）及虹梅高架路等方向出口合并为同一出口进行指引。再在出口匝道前再指示不同行驶方向相关信息，使信息递进出现，引导有序通行。

（3）设置标志解析　中环—沪闵立交西段指路标志设置位置如图 8-20 所示。

图 8-20　中环—沪闵立交西段指路标志设置位置

1）标志 1：2km 预告。标志 1 为设置在距离减速车道渐变段起点 2km 处的出口预告标志，采用门架形式，并在路侧设置小型标志，提示前方也可到达地面道路虹梅路，如

图8-21所示。为与虹梅高架路区分，路侧小型标志上的信息可优化为"虹梅路（地面）"。

2）标志2：LED地图型标志展示路况。标志2为设置在距离减速车道渐变段起点1.7km处的出口预告标志，采用图形化方式，与LED屏结合，如图8-22所示。在对下游路网预告的同时，提供下游匝道和路段的实时交通信息，便于出行者根据道路交通情况提前选择合适车道。

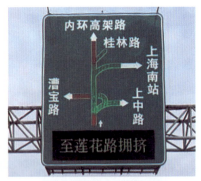

图8-21 2km预告（标志1）　　　图8-22 LED地图型标志展示路况（标志2）

3）标志3：地点方向专用车道标志。标志3设置在距离减速车道渐变段起点1.3km处，如图8-23所示。左侧标志为地点方向专用车道标志，表示通过所指示的两个车道可到达内环高架路、徐家汇方向；右侧标志采用向上箭头的方式，提醒沿着当前方向行驶，右前方为中环路出口，直行前方为内环高架路、徐家汇方向，与左侧标志信息保持一致。

图8-23 地点方向专用车道标志（标志3）

4）标志4：1km预告。标志4为设置在距离减速车道渐变段起点1km处的出口预告标志，提醒前方右侧1km处为中环路、虹梅高架路出口，在路侧附着设置小型标志，提示前方可到达虹梅路的地面道路，如图8-24所示。同样，如果附着设置的小标志上，"虹梅路"修改为"虹梅路（地面）"会更加清楚，和"虹梅高架路"有明显区分。

5）标志5：700m预告。标志5为设置在距离减速车道渐变段起点700m处的出口预告标志，提示前方右侧700m处为中环路和虹梅高架路的出口。此处的标志的设置方式如图8-25所示，与1km处的一致。

图 8-24　1km 预告（标志 4）

图 8-25　700m 预告（标志 5）

6）标志 6：500m 预告。标志 6 为距离减速车道渐变段起点 500m 处的出口预告标志，如图 8-26 所示。由于空间限制，该标志设置在莲花路上匝道端部，提示前方右侧 500m 处为中环路、虹梅高架路的出口。

图 8-26　500m 预告（标志 6）

7）标志 7：地点方向专用车道标志。标志 7 设置在出口前方交织段起点处，提示车辆注意出口变道分方向通行，如图 8-27 所示。对出口采用分级指引，在此处将两个转向中环路的出口车道作为一个出口进行指引，指引主线车辆，前往中环路和虹梅高架路方向

图 8-27　提示向出口变道设置地点方向专用车道标志（标志 7）

靠右行驶，提前并线。主线前往内环高架路的直行方向设置地点方向专用车道标志，指示直行车辆在内侧两条车道上行驶，前往中环路和虹梅高架路方向的车辆在最外侧车道行驶，减少车辆交织。

8）标志8：地点方向专用车道标志。标志8为设置在距离减速车道渐变段起点下游约250m处的0m出口预告及地点、方向标志，最左侧标志通过地点方向专用车道标志表示通过内侧两个车道可到达内环高架路、徐家汇方向，与上游的信息保持连续。左侧第三、四块标志进行车道指引，用于指引上游莲花路上匝道驶入的车辆，如果驶往内环高架路，应向左前方行驶。由于此处为两快速路衔接处，出口车道数较多，最右侧采用地点方向专用车道标志表示出口信息。采取龙门架形式进行设置，并配合地面文字进行重复指引，如图8-28所示。

虽然地面文字标记是为了重复，避免驾驶人遗漏，但是在同一地点地面标记与标志同时出现，驾驶人既要看空中的标志，又要观察地面文字标记，反而增加了视认负担。标志和地面标记如果错位设置，重复指引的效果更好。

图8-28 提示向主线变道设置地点方向专用车道标志（标志8）

9）标志9：地点方向专用车道标志。标志9为设置在距离出口匝道端部约60m的地点方向专用车道标志，用于车辆确认各方向地点信息，如图8-29所示。由于中环路在匝道

图8-29 出口匝道前设置地点方向专用车道标志（标志9）

处进行分流，左转往虹桥枢纽方向，右转往上中路隧道方向，所以此处的信息中，增加了方向信息，采用前方远程目的地"虹桥枢纽方向"和"上中路隧道方向"作为方向信息。

10）标志10：出口地点、方向标志。标志10为设置在出口匝道端部的地点、方向标志，分别告知了通过匝道分流去往不同方向的信息，与上游的最外侧两块标志的指引信息保持一致，如图8-30所示。

图8-30　分流处地点、方向标志（标志10）

8.3 快速路交通节点指引

8.3.1 互通式立交多级分流指引

互通式立交需要指示出口信息、前方互通式立交信息，以及经由互通式立交直行、左转及右转可到达的信息等，信息量比较大，在对驾驶人的指引上要考虑到有效性和系统性，需要注意以下几点原则：

1）充分预告。快速路行驶车速较快，尤其针对间距较近的出口，如果预告信息数量不足，则起不到应尽的作用。

2）信息连续。指路标志信息的层递应该是连续、系统的，对于重要的信息要依次层递，必要时重复设置。

3）信息量适中。指路系统的信息量要能满足可视可读，若信息过载，驾驶人不仅无法正常读完信息，还容易为读信息而分心驾驶，造成交通事故。

景渎立交位于无锡市东南方向，是新吴区最重要的交通枢纽之一，立交向北连接北内环快速路，向南连接机场快速路，向西连接南内环快速路，向东连接金城快速路，如图8-31所示。该立交全天候大流量，同时大量车流在此进行转向。

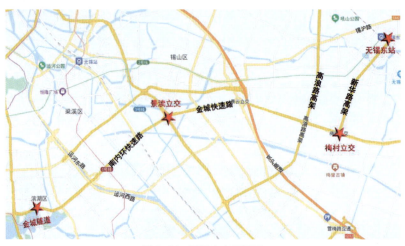

图 8-31　景渎立交区位图

广南立交位于景渎立交北侧，两个立交相距仅 1.6km，为地面快速路，同时在距离广南立交南侧 1km 左右，有驶向一般道路金城东路的出口。因此在该段内，需要两套指引系统，一套用于指引金城东路出口，一套用于驶向景渎立交的指引。景渎立交北段指路信息点位图如图 8-32 所示。

图 8-32　景渎立交北段指路信息点位图

1）标志 1：入口处地点、方向标志。标志 1 设置在广南立交下游段，告知前方进入主线快速路可到达机场快速路、金城快速路、南内环快速路，通过地面的一般道路可到达金城东路，如图 8-33 所示。前方通往机场快速路、金城快速路、南内环快速路，需要通过景渎立交匝道实现直行、左转、右转，为便于驾驶人理解，此处的标志可用图形化展示景渎立交形式，会加深驾驶人的理解。

图 8-33　前方道路信息预告（标志 1）

2）标志 2："金城东路"出口 500m 预告。从标志 2 开始，对"金城东路"出口进行指引，从 500m 开始设置预告标志，预告前方为金城东路和新光路出口，并在右上方设置了出口编号，如图 8-34 所示。

图 8-34　"金城东路"出口 500m 预告（标志 2）

3）标志 3："金城东路"出口 0m 预告及"景渎立交"出口 300m 预告。标志 3 为"金城东路"出口 0m 预告和"景渎立交"出口 300m 预告并设，如图 8-35 所示。右侧标志指示地面道路出口，指示信息与标志 2 中的预告信息一致，该条车道是直出车道，所以标志下方设置了出口专用车道标识。中间两块标志表明右前方 300m 可到达金城快速路和南内环快速路的出口。

图 8-35　"金城东路"出口 0m 预告及"景渎立交"出口 300m 预告（标志 3）

4）标志 4："金城东路"出口标志。标志 4 为"金城东路"出口标志，指示出口为金城东路和新光路，由于道路净宽限制，采用竖向的版面形式，如图 8-36 所示。

5）标志5："景渎立交"出口预告。标志5为"景渎立交"出口预告，设置在"金城东路"出口下游，预告前方为快速路出口及通过出口可以到达的地点方向信息，如图8-37所示。

图8-36 "金城东路"出口标志（标志4）

图8-37 "景渎立交"出口预告（标志5）

6）标志6：路名信息。标志6为路名信息标志，告知前方为景渎立交，用于驾驶人确认到达景渎立交，如图8-38所示。

7）标志7："景渎立交"出口0m预告。标志7为"景渎立交"出口0m预告，右上方设置了出口编号，告知前方可到达金城快速路和南内环快速路，如图8-39所示。

图8-38 路名信息（标志6）

图8-39 "景渎立交"出口0m预告（标志7）

8）标志8："景渎立交"出口及下一出口预告。标志8为"景渎立交"出口标志和下一出口预告标志合并设置，标志设置如图8-40所示。左侧标志指示直行为机场快速路，且下一出口为旺庄路；中间标志为地点、方向标志，指示右前方行驶可到达无锡东站和金城隧道远点信息；最右侧的标志告知向右侧行驶可到达金城快速路和南内环快速路。如果中间标志和右侧标志信息进行整合，如图8-37所示，将地点信息与路名信息对应，指示会更加清晰，也与上游信息保持一致。

9）标志9：出口处地点、方向信息。标志9为设置在匝道的二级分流处的地点、方向标志，左侧标志指示向左行驶进入金城快速路并可到达无锡东站，向右行驶进入南内环快速路并可到达金城隧道。在标志 8 中设置了出口编号，因此在此处，对应不同方向设置了二级编号，如图 8-41 所示。

图 8-40 "景渎立交"出口及下一出口预告（标志 8）

图 8-41 二级分流处设置地点、方向标志（标志 9）

8.3.2 长隧道指引

1. 惠山隧道

惠山隧道是快速内环的一部分，南北走向，全长约为 15km，为双洞单向隧道，隧道内部沿线无出口。以由南向北方向为例，出隧道后，紧接着分别往惠钱路和盛岸路的出口匝道方向，在此对隧道指引进行说明，惠山隧道指路标志设置点位如图 8-42 所示。

图 8-42 惠山隧道指路标志设置点位

（1）标志1：出口信息预告　标志1设置在隧道前300m附近，因空间受限，通过路侧路灯杆件附着的方式设置，预告惠山隧道出口可到达盛岸路和惠钱路，如图8-43所示。由于惠钱路出口与隧道北出口的距离很短，且盛岸路出口与惠钱路出口距离也很短，为防止错过两个出口，所以在道路两侧重复设置，并用荧光黄绿色外框增加辨认性。

（2）标志2：隧道出口预告　标志2设置在隧道前150m位置，对出口进行再次预告，如图8-44所示。

图8-43　出口信息预告标志（标志1）　　　图8-44　隧道出口预告标志（标志2）

（3）标志3：隧道长度告知　标志3设置在隧道入口前，告知隧道长度，如图8-45所示。

（4）标志4：出口标志及下一出口预告标志　标志4设置在出口处，指示出口为惠钱路，下一出口为盛岸路，如图8-46所示。

图8-45　隧道长度告知标志（标志3）　　　图8-46　出口标志及下一出口预告标志（标志4）

另外，考虑到隧道的北出口与惠钱路出口匝道、盛岸路出口匝道都很近，在除了对上述的标志设置外，在隧道内部，特别是隧道出口的上游，通过增加地面标记的方式，提前指引，引导车辆提前变道。

2. 无锡太湖大道隧道

太湖大道隧道西起金匮大桥，东至广南立交，主线全长4045m，采用双洞分离，全线共采用了 4 车道和 6 车道两种断面形式,并且在隧道内部,设置 8 个出入口,分别与金匮大桥、运河东路、通扬路、兴源路等道路连通。此处以进出隧道,以及从隧道内部往通扬路方向为例,对进出隧道以及内部指引进行说明,太湖大道隧道指路标志设置点位如图 8-47 所示。

图 8-47 太湖大道隧道指路标志设置点位

(1)标志 1:上游 1km 分流点预告 标志 1 设置在隧道前 1km 处的上游分流点位置,预告隧道位置,如图 8-48 所示。

图 8-48 隧道 1km 预告(标志 1)

(2)标志 2:上游 700m 预告 标志 2 设置在隧道前 700m 位置,预告前方将会到达太湖大道隧道,并预告通过太湖大道隧道内部的通扬路出口可到达的道路信息,如图 8-49 所示。但是信息量太多,驾驶人根本无法快速识别,应该是与下游信息保持一致,即指示通扬路及快速内环东(广南立交)方向,如图 8-50 所示。若要告知由通扬路出口可到达的塘南路、兴源路、兴昌路、长江路等信息，可另外结合"通扬路"出口指示进行告知，此外这几条道路的大方向是一致的，所以只需要对重要的道路进行告知，然后采用递进的方式逐层指引，而不是一次性地告知过多信息。

（3）标志3：隧道长度及出口预告　　标志3设置在隧道入口，告知隧道的长度，预告前方两个出口名称及距离，如图8-50所示。按照从近到远、自上而下排列的原则，建议出口信息按顺序进行调整，先指示通扬路，后指示广南立交。

图8-49　隧道700m预告（标志2）　　　图8-50　隧道入口处的隧道长度及出口预告标志（标志3）

（4）标志4：通扬路300m预告　　标志4设置在通扬路出口300m位置，悬挂于隧道上方，版面为长条形的小标志，由于隧道内部亮度不足，采取了主动发光标志形式，如图8-51所示。

（5）标志5：通扬路100m预告　　标志5设置在通扬路出口100m位置，样式与300m预告相同，如图8-52所示。

图8-51　通扬路300m预告（标志4）　　　图8-52　通扬路100m预告（标志5）

（6）标志6：通扬路0m预告及前方出口信息预告　　标志6为通扬路出口0m预告，告知向右出口为通扬路，向前可到达快速内环（东），建议与隧道入口处和结束后指引信息一致，改为广南立交，且增加距离信息，如图8-53所示。

（7）标志7：通扬路出口指示及下一出口预告　　标志7指示当前出口可到达的道路，

悬挂于隧道上方,如图 8-54 所示,在图 8-49 中告知的通过通扬路可达到的道路信息可以在此设置。但是出口指示信息过多,建议按照近远、信息重要程度等,选择两至三条进行告知即可。下一出口指示可到达广南立交,附着在分流处的立柱上。

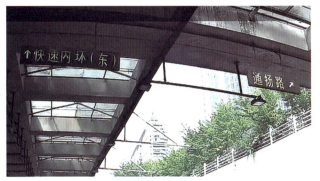 

图 8-53　通扬路 0m 预告及前方出口信息预告(标志 6)　　图 8-54　通扬路出口指示及下一出口预告(标志 7)

(8)标志 8:隧道出口处标志　标志 8 设置在隧道出口,告知当前立交为广南立交,以地图的形式告知了互通式立交的基本形式,如图 8-55 所示。通扬路为隧道的第一个出口进行了 300m 和 100m 预告,而广南立交作为隧道的最后出口也应予以预告,可在距离出口 2km 和 1km 处进行距离预告。

图 8-55　隧道出口处标志(标志 8)

8.3.3　环线及射线快速路出口编号

无锡的快速路网包括内环快速和 7 条射线快速路,按照建设时序,依次是内环快速路、机场快速路、高浪快速路、新华快速路、金城快速路、凤翔快速路、江海快速路、蠡湖快速路、通江快速路,其中高浪快速路是在建中环快速路的一部分,如图 8-56 所示。整个快速路系统设置出入口总计 196 处,其中出口 99 处、入口 97 处。

1. 快速路编号规则

快速路出口编号在快速路编号的基础上,按照环线和射线分别编号。为了

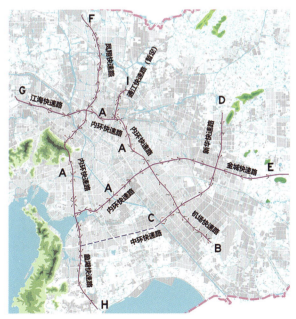

图 8-56　无锡快速路现状分布图

方便进行快速路定位，按照快速路建设时序对快速路进行编号，并确保唯一性，内环快速路最早建成，编号为 A，之后的机场快速路、高浪快速路、新华快速路、金城快速路、蠡湖快速路、江海快速路、凤翔快速路按照字母排序依次排列。中环快速路为分段建设，部分中环与原高浪快速路重合，故中环快速路采用高浪快速路的编号。无锡市快速路出口编号和规则见表 8-1。

表 8-1　无锡市快速路出口编号和规则

快速路名称	编号	编号规则
内环快速路	A	由贡湖大道出口开始，顺时针流向奇数排列，逆时针流向偶数排列
机场快速路	B	由内环快速路开始，驶离城市中心流向奇数排列，驶入城市中心流向偶数排列
中环快速路	C	由贡湖大道出口开始，顺时针流向奇数排列，逆时针流向偶数排列
新华快速路	D	由金城快速路开始，驶离城市中心流向奇数排列，驶入城市中心流向偶数排列
金城快速路	E	由内环快速路开始，驶离城市中心流向奇数排列，驶入城市中心流向偶数排列
蠡湖快速路	F	由内环快速路开始，驶离城市中心流向奇数排列，驶入城市中心流向偶数排列
江海快速路	G	由内环快速路开始，驶离城市中心流向奇数排列，驶入城市中心流向偶数排列
凤翔快速路	H	由内环快速路开始，驶离城市中心流向奇数排列，驶入城市中心流向偶数排列

出口编号标志的形状为长方形，颜色为绿底白色边框。底面图形状为椭圆形，底板为绿色，图形为白底黑字、绿字。出口编号信息包括快速路编号（黑色英文大写字母）、出口编号（绿色数字）、二次分流编号（绿色英文大写字母），如图 8-57 所示。

图 8-57　无锡快速路出口编号标志示例

2. 典型快速路编号

在无锡市所有的快速路网系统中，内环快速路是流量最大的快速路，射线快速路通过与内环快速路衔接完成组团之间的连接；机场快速路与内环和中环快速路（南段）相接，连通了主城区和机场组团，交通地位显著。下面以内环快速路、机场快速路为例，说明快速路出口编号方法。

（1）内环快速路　内环快速路分为顺时针流向和逆时针流向，选择交通流量大、节点功能强的贡湖大道出口作为编号起点，顺时针流向采用奇数编号，逆时针流向采用偶数编号。内环快速路各出口编号见表8-2，出口编号标志设置及分布点位如图8-58~图8-59所示。

表8-2　内环快速路各出口编号

行车方向	出口序号	出口名称	出口编号
顺时针	1	贡湖大道	A01
	2	经贸路/湖滨路	A03
	3	蠡湖大桥	A05
	4	望山路	A07
	5	太湖大道/中南路	A09
	6	梁清路/梁溪路	A11
	7	惠钱路	A13
	8	盛岸路/古华山路	A15
	9	中山路	A17
	…	…	…
逆时针	1	贡湖大道/南湖大道	A02
	2	运河东路/清扬路	A04
	3	太湖大道/新光路	A06
	4	学前东路	A08
	5	锡沪路/上马墩路	A10
	6	广瑞路	A12
	7	锡澄路/通江大道	A14
	8	凤翔路地面	A16
	…	…	…

图 8-58 出口编号标志设置

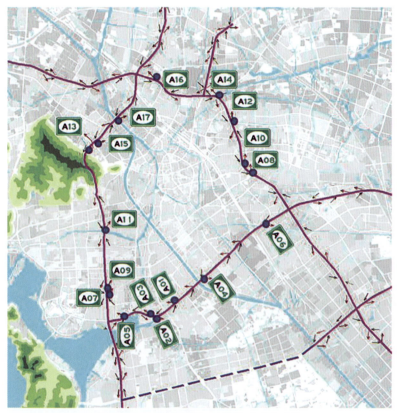

图 8-59 内环快速路出口编号标志分布点位

（2）机场快速路　机场快速路作为射线快速路，可分为驶离城市中心流向和驶入城市中心流向，考虑到射线快速路一直在向外延伸，为减少出口编号的重复变更，选择内环快速路作为编号起点，驶离城市中心流向奇数排列，驶入城市中心流向偶数排列。机场快速路各出口编号见表 8-3，出口编号标志的布设点位如图 8-60 所示。

表 8-3　机场快速路各出口编号

行车方向	出口序号	出口名称	出口编号
南往北	1	泰山路/旺庄路	B01
	2	高浪快速路	B03
	3	吴都路/新洲路	B05
	4	新华路	B07
	5	新梅路	B09
	6	硕放机场方向	B11
北往南	1	新光路/旺庄路	B02
	2	高浪快速路	B04
	3	吴都路/新锡路	B06
	4	新华路/新洲路	B08
	5	新梅路	B10

图 8-60　机场快速路出口编号标志分布点位

参考文献

［1］ 中华人民共和国国家质量监督检验检疫总局，中国国家标准化管理委员会．道路交通标志和标线 第2部分：道路交通标志：GB 5768.2—2009［S］．北京：中国标准出版社，2009.

［2］ 国家市场监督管理总局，国家标准化管理委员会．道路交通标志和标线 第2部分：道路交通标志：GB 5768.2—2022［S］．北京：中国标准出版社，2022.

［3］ 贺崇明，邓兴栋．城市道路"语言"：指路标志系统的研究与实践［M］．北京：中国建筑工业出版社，2008.

［4］ 中华人民共和国国家质量监督检验检疫总局，中国国家标准化管理委员会．道路交通反光膜：GB/T 18833—2012［S］．北京：中国标准出版社，2012.

［5］ 官阳，王振华，刘勇．交通标志反光膜选用技术指南［M］．北京：人民交通出版社，2009.

［6］ 公安部交通管理局，公安部交通管理科学研究所．道路交通信号灯与交通标志标线规范设置应用指南［M］．北京：中国建筑工业出版社，2017.

［7］ 中华人民共和国国家质量监督检验检疫总局，中国国家标准化管理委员会．地名 标志：北京：GB 17733—2008［S］．北京：中国标准出版社，2008.

［8］ 蒋宏，朱忠隆，徐健．虹桥综合交通枢纽指路引导系统研究［J］．交通标准化，2009（1）：198-201.

［9］ 厦门市交通研究中心．厦门市道路交通管理设施设置规范（修编）［Z］．2015.

［10］ 盐城市公安局交警支队．盐城市城市道路交通标志设置细则（试行）［Z］．2016.

［11］ 中华人民共和国国家质量监督检验检疫总局，中国国家标准化管理委员会．公共服务领域英文译写规范 第1部分：通则：GB/T 30240.1—2013［S］．北京：中国标准出版社，2013.

［12］ 中华人民共和国住房和城乡建设部，中华人民共和国国家质量监督检验检疫总局．城市道路交通标志和标线设置规范：GB 51038—2015［S］．北京：中国计划出版社，2015.

［13］ 中华人民共和国住房和城乡建设部，中华人民共和国国家质量监督检验检疫总局．城市综合交通体系规划标准：GB/T 51328—2018［S］．北京：中国建筑工业（计划）出版社，2018.

［14］ 中华人民共和国住房和城乡建设部，国家质量监督检验检疫总局．城市道路交叉口规划规范：GB 50647—2011［S］．北京：中国计划出版社，2011.

［15］ 文国玮．城市交通与道路系统规划［M］．北京：清华大学出版社，2007.

［16］ 祖永昶．一般城市道路路径指引标志标线设置研究［D］．长春：吉林大学，2010.

［17］ 公安部交通管理科学研究所．城市道路指路系统设置研究［Z］．2010.

［18］ 张兰芳，方守恩．出入城市的道路交通指路标志系统设置方法研究［J］．交通与运输，2006（1）：21-23.

［19］ 程涛．南昌市进、出城路线指路标志工程的设计简介［J］．低碳世界，2013（20）：142-144.

［20］ 公安部交通管理科学研究所．城市快速路出入口指路标志系统设置方法研究［Z］．2013.

［21］ 王建强，祖永昶，卢健．城市快速路出口预告标志设置方法研究［J］．中国人民公安大学学报（自然科学版），2017，23（1）：60-66.

［22］ Australian Standard. Manual of uniform traffic control devices Part 15：Direction signs, information signs and route numbering：AS 1742.15—2007［S］.Sydney：Standard Australia GPO BOX 476, 2007.